令和時代の新しい選択肢

ゼロから始めて

海外起業でFIRE《ファイア》する!

蒲原 隆
TAKASHI KAMOHARA

ゴマブックス株式会社

目次

序章　FIREへの道は「海外の会社オーナー」で切り拓く！

第1章　「人生100年時代」。あなたのキャリア、大丈夫？

第2章 グローバルリーダーへの扉を開いた英会話学校

第3章　国内営業一筋の私が海外で社長、そして会社オーナーに?

第4章 「グローバル×リーダー」でレア人材を目指そう！

第5章

成長著しいアジアで起業にチャレンジしよう！

第6章 会社オーナーになってFIREに、さらにその「先」へ

序　章

FIREへの道は「海外の会社オーナー」で切り拓く！

「海外で3社のオーナー」は、「37歳の語学留学」から始まった

「それにしても、37歳で語学留学とはねぇ」

「お前のキャリア、終わったな……」

送別会とは思えないほどの、なんともケチョンケチョンな言われようです。でも「まぁ、そう思うのも仕方ないよな」と、私はひとまず受け流して、愛想笑いを浮かべました。

今から約20年前の2003年。私は、会社の同僚が開いてくれた送別会の会場の居酒屋にいました。カナダ・バンクーバーに語学留学するために、14年間勤務したリクルートグループを退社することを決めたのです。

「会社を辞めます」とお世話になった人にあいさつ回りした時も、「え、その年で語学留学?」「MBA（経営学修士）留学じゃないんだよね?」と、まぁいろいろ言われたものです。実際、私も何か大きな野望があって海外留学を決めたわけではありません。それまで国内営業一筋でドメスティックなキャリアの王道を歩んでいたので、ただ海外で生活してみたかった。それだけが動機でした。たった一度きりの人生、「やってみたかった」で何が悪い! と開き直って、海外への第一歩を踏み出したのでした。

それから年月は流れて、20年後の私が今どうなっているか? シンガポールに1つ、タイに2つの会社を所有している「会社オーナー」です。タイに生活の拠点を置き、会社の経営

は現地の優秀なスタッフに任せ、毎年一定額の配当を得ながら、自由に暮らしています。

どこから見てもグローバルとは無縁な一人のサラリーマンが、40歳を目前にして突然の語学留学。そして気がつけば3つの会社のオーナーに――「わらしべ長者」ではありませんが、そんな私のキャリアは、まるですごろくのようだと自分でも思います。

でも、あらためてその歩みを振り返ると、まさに、かのスティーブ・ジョブズが言った「Connecting the Dots」。どこで何がどうつながるか、本当にわからないなぁ、と思うのです。

こうして、数ある本の中から本書を手に取っていただいたあなたとの出会いも、「Connecting the Dots」の一つかもしれません。

「事業」に投資して「FIRE」を目指すアプローチ

自己紹介が遅れました。私の名前は、蒲原隆（かもはら・たかし）といいます。どうぞ気軽に「かもさん」と呼んでください。ちなみに海外の友人からは「タカシ」をもじって「Ｔａｋ」と呼ばれています。

表紙の「ＦＩＲＥ」の4文字に魅かれて、本書を手に取ってくれた方もいると思います。今さら説明の必要はないと思いますが、「Financial Independence, Retire Early」の略で、いわゆる経済的な自由を手に入れたうえで、勤めていた会社を早期退職する人々を指す言葉です。

その意味では、私の現在の生活もＦＩＲＥと言ってよいでしょう。所有している３つの会社からの配当金で、特に不自由のない生活を送ることができていますから。

「どうしたら、かもさんのようにＦＩＲＥを達成することができるでしょうか？」

講演などをすると、特に20代・30代の若い人からこのような質問を受けることも増えました。

書店に行けば、ＦＩＲＥのテーマで一つの棚を設けているのもよく見かけます。それだけ、先行きの見えない時代、ビジネスパーソンの皆さんにとって関心の高いテーマなのでしょう。

ただ、それらの「ＦＩＲＥ本」は、金融、株式や不動産など「ストック」への投資に主眼が置かれているものが多いようです。私も外国通貨や株式を持ってはいますが、あくまで資産ポートフォリオの一環として細々と運用しているにすぎず、「ストック」は決して多くありません。

私の場合は、事業に投資する、つまり、会社を持つことで一定の配当金という「フロー」の収入を得るタイプのＦＩＲＥです。

マンションなどのように不動産投資を通じて一定の賃料を得るのも「フロー」収入の一つでしょう。でも、事業に投資し会社オーナーになるということは、私の代わりに事業を回してくれる「人」が必要になります。その「人」を伴う点において、不動産投資とは大きく異なります。そして、そこが実は面白い点でもあります。

その「事業に投資する」というアプローチのFIRE本があるか？　というと、実はほとんど見かけません。『サラリーマンは300万円で小さな会社を買いなさい』（三戸政和著・講談社）という本があるくらいでしょうか。

それなら、FIREに関心を持ち、目指そうとしている人たちにとって、私のこれまでのキャリアをお伝えすることで、アプローチの選択肢を増やすお手伝いができるかもしれない。

それが、本書を書こうと思った動機です。

「海外で起業してオーナーになる」ことは特別ではない！

「フッーの社会人の私なんかが、会社のオーナーになれるのでしょうか？」

そんな疑問を持った読者の方も、もちろんいるでしょう。

その答えは、こうです。

「私を見てください！」

長崎の田舎で生まれ育ち、国内営業ばかりで海外勤務経験もなく、37歳での語学留学をきっかけに初めて海外との接点ができた――そんな人間です。どこにでもいる、「フッーのサラリーマン」です。そんな私が海外の会社のオーナーになっている。これ以上の説得力のある材料はないのではないでしょうか？　と自負しています（事実、昔の同僚が今の私を見ると、必ずと言っていいほど驚いてくれます）。

では、そんな「フツーのサラリーマン」だった私が、なぜ3つの会社を持てるまでになったのか？　それは、端的に言うと「誰でも手が届くレア人材」になれたから、だと思っています。

誰でも手が届くレア人材、とは何か？　それは「グローバルリーダー」です。

「グローバルリーダー」という言葉自体がやや抽象的で、人によって受け取る意味合いが異なるので、本書では次のように定義します。

●グローバルリーダー＝「グローバル」と「リーダー」の二つのキャリアを合わせ持った人材

●グローバル＝英語を使って海外で仕事をした経験を持っていること

●リーダー＝複数人のチームリーダー（またはマネージャー）として、チームを統率し、部下をマネジメントした経験を持っていること

「グローバル」と「リーダー」。それぞれ切り分けてみると、どちらも特別レアなキャリアではありません。感覚的にはせいぜい5人に1人、くらいでしょうか。

でも、その「5分の1」の確率が掛け算になると、どうでしょう。「5分の1×5分の1＝

25分の1」。つまり、4パーセントの「レア人材」になれるのです。なんだか「手が届きそう」な気がしませんか？

本書の概要

本書では、私自身のここまでの歩みを紹介しながら、「グローバルリーダー」としてのキャリアとスキルを身につけ、海外で起業し、最後に会社オーナーとしてFIREを達成するまでに必要なことをまとめました。そのキャリアは、大きく4つのフェーズに分かれます。

〈フェーズ①〉雇われ期（国内）

ビジネスパーソンとしての土台となるスキルを身につける時期。どこの会社でも通用する「雇われるチカラ（Employability）」、特に「リーダー」としての経験を身につける。同時に、英語のスキルも学習する。

〈フェーズ②〉雇われ期（海外）

海外企業に転職し、ビジネスの現場で生きた英語を使いながら、海外のスタッフとともに仕事をする経験を培う。

図表　会社オーナーになるまでの歩み

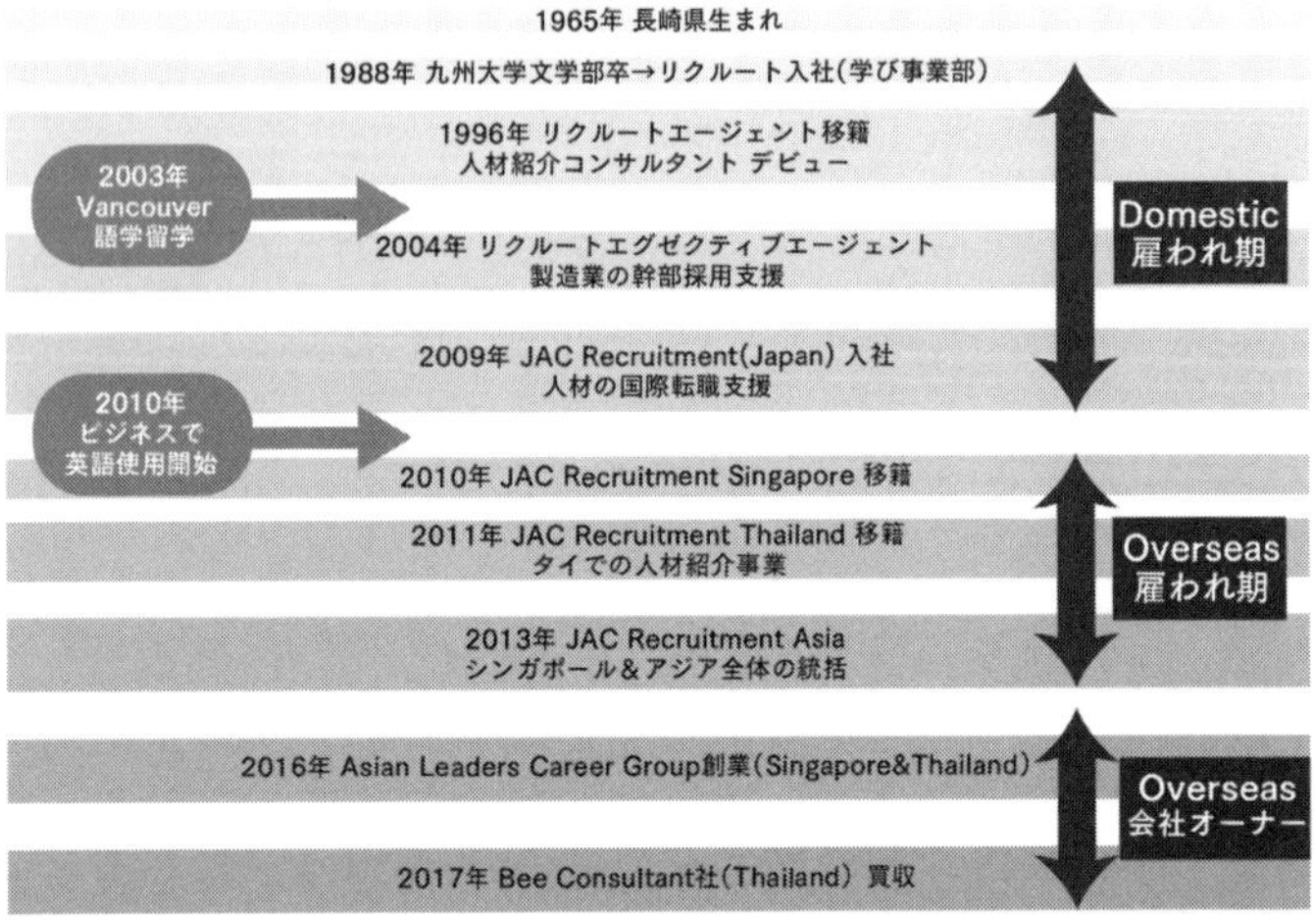
1965年 長崎県生まれ
1988年 九州大学文学部卒→リクルート入社（学び事業部）
1996年 リクルートエージェント移籍
人材紹介コンサルタント デビュー
2003年
Vancouver
語学留学
2004年 リクルートエグゼクティブエージェント
製造業の幹部採用支援
Domestic
雇われ期
2009年 JAC Recruitment(Japan) 入社
人材の国際転職支援
2010年
ビジネスで
英語使用開始
2010年 JAC Recruitment Singapore 移籍
2011年 JAC Recruitment Thailand 移籍
タイでの人材紹介事業
Overseas
雇われ期
2013年 JAC Recruitment Asia
シンガポール＆アジア全体の統括
2016年 Asian Leaders Career Group創業（Singapore&Thailand）
Overseas
会社オーナー
2017年 Bee Consultant社（Thailand） 買収

〈フェーズ③〉起業（海外）

「グローバル」と「リーダー」双方のスキルを高めたうえで、満を持して海外で会社を設立（またはM&Aで買収）する。

〈フェーズ④〉会社オーナー（海外）

経営が軌道に乗ってきたら、信頼のおけるスタッフに経営を任せ、オーナーに徹する。

そんな順番で、私自身が会社のオーナーになるまでの歩みと、それをふまえたキャリアの培い方や心がまえ、海外起業のポイントなどを一冊に凝縮しました。「あ、これなら自分でも会社オーナーは夢ではないかも……」本書を読み進めていくうちに、そんな実感を持っていただけるはずです。

FIREの先にある「ハッピーな人生」

これから本章に入る前に、一つだけ、本書を通じたメッセージを先に伝えておきます。それは「FIREをゴールにしないように」ということです。

会社を辞め、経済的な自立を果たしたその先に、手に入れられるのは「自分で主体的に生き方を選択できる」ことです。経済的な制約に縛られず、本当にやりたいこと、社会に貢献したいことに注力できる。それこそが「ハッピーな人生」なのではないか、と私は思っています。

私自身、実は最近まで、国内に英会話教室を展開する「株式会社ワンコイングリッシュ」のCOO（最高執行責任者）として再びビジネスの現場に戻っていました。「ワンコイングリッシュ」の名前のとおり、ワンコイン（500円）で質の高い英会話レッスンを受けられる、そのサービスと代表者の熱意に共感したのがその理由です。経済的な安定を得ているからこそ、本当に自分がチャレンジしたいことを主体的に選択できる。そのことに生きがいを感じています。

FIREそのものがゴールになると、せっかく貯めた資産が徐々に目減りすることや、株価・為替の変動に不安をおぼえるようになります。また、「何もない」日々の生活が、だんだんと退屈に感じられるようになります。

ＦＩＲＥは「ゴール」ではなく、本当に自分のやりたいことを叶えるための「手段」である――これが、本書を通じて本当に伝えたい私のメッセージです。そういう意味でも、数多ある他のＦＩＲＥ本とはちょっと一線を画しているかもしれません。

「人生１００年時代」に「老後２０００万円問題」と、先々不安にかられるような話題ばかり。だからこそ「災厄」を「恩恵」に変え、ハッピーな人生を実現しませんか？　私のすごろくのような行き当たりばったりの人生を、「世の中、こんな人もいるんだ」と面白がってもらいながら、この先のキャリアの役に立つヒントを一つでも本書から得てもらえれば、これ以上の喜びはありません。

第1章

「人生100年時代」。あなたのキャリア、大丈夫？

1－1　人生100年時代……あなたはワクワクしますか？

70歳まで「働ける？」「働かなければならない？」

「老後2000万円問題」。

この言葉が世間を騒がせたのは、2019年のことです。

発端は、金融庁の金融審議会「市場ワーキング・グループ」が発表したレポート「高齢社会における資産形成・管理」。それによると、夫が65歳以上、妻が60歳以上の夫婦のみの無職の世帯では、毎月の収支の不足額の平均は約5・5万円。今後まだ20～30年の人生が残されていると仮定すると、その不足額の総額は単純計算で1300万円～2000万円に上る、と報告しており、それが「2000万円」という数字の根拠となっています。

この金額は、夫婦ともに無職であることを前提としたもので、同レポートも「あくまで平均の不足額から導きだしたものであり、不足額は各々の収入・支出の状況やライフスタイル等によって大きく異なる」と説明しています。にもかかわらず「2000万円」というインパクトのある数字が独り歩きしてインターネットやマスメディアを賑わせている日本の状況は、タイに住んでいた私の耳にも入ってきました。

また、同時期にトレンドワードとなったのが「人生100年時代」。2016年に刊行され

図表1-1　平均寿命の推移

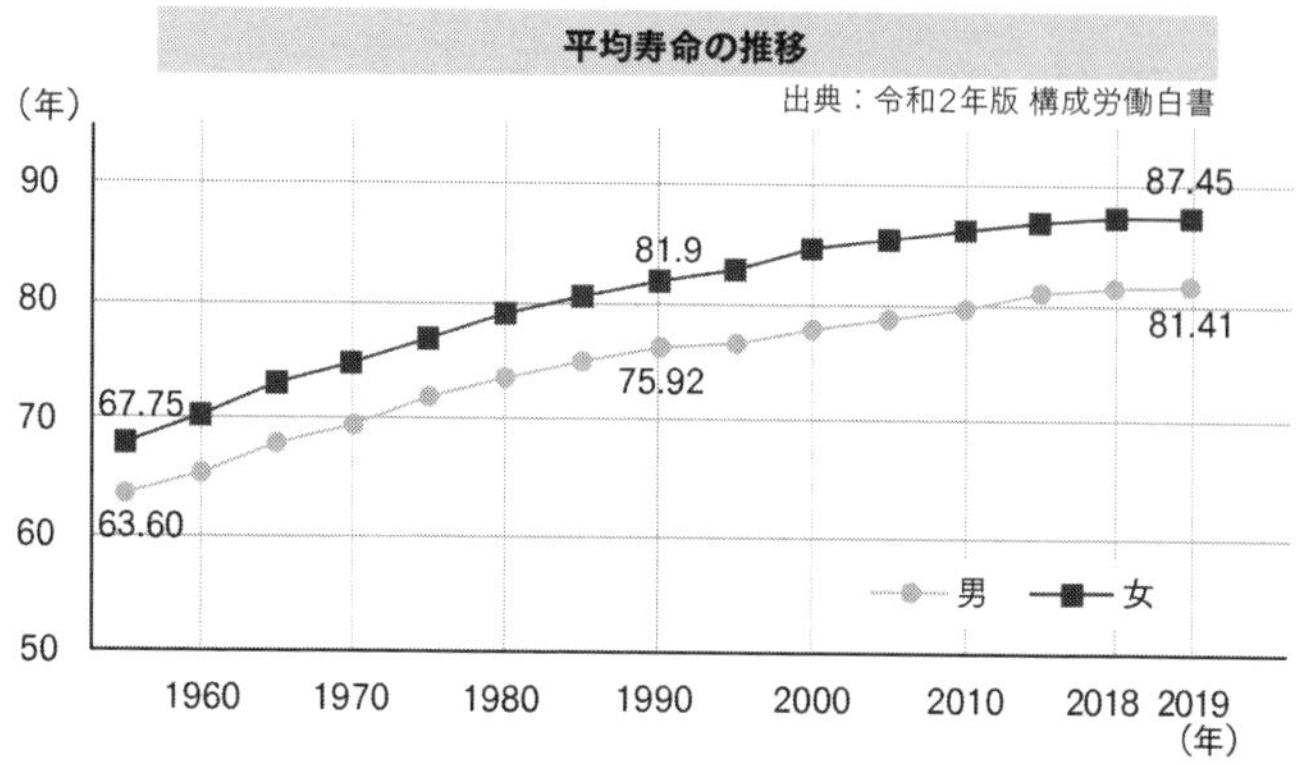

資料：2019年までは厚生労働省政策統括官付人口動態・保険会社統計室「令和元年簡易生命表」、2040年は国立社会保障・人口問題研究所「日本の将来推計人口（平成29年推計）」における出生中位・死亡中位推計。

た『LIFE SHIFT（ライフ・シフト）１００年時代の人生戦略』（東洋経済新報社）が40万部を超えるベストセラーとなり、ＳＭＢＣコンサルティングの「２０１８年ヒット商品番付」で「人生１００年時代」が「大関」に選ばれるなど、大きな社会現象になったのも記憶に新しいところです。

現に、日本人の平均寿命は年々上昇しています。１９９０年には男性75・92歳、女性81・90歳でしたが、２０１９年には男性81・41歳、女性87・45歳と、この約30年間で5年以上伸びています（図表１－１）。政府の人口推計によると、さらに20年後の２０４０年には男性83・27歳、女性89・63歳になると推計されています

せっかくの長寿。「厄災」ではなく「恩恵」に！

これらの動きを受け、政府は「高年齢者等の雇用の安定等に関する法律」（高年齢者雇用安定法）の一部を改正。希望する労働者が70歳まで働けることを選択できるよう、70歳までの定年の引き上げ、定年制の廃止などの措置を講ずるよう努めることを定めました（あくまで努力義務であり、定年年齢の引き上げを義務づけるものではありません）。

確かに、政府は70歳まで働ける環境を整えてくれているのですが、その「70歳」から自分の年齢を差し引いてみてください。50歳なら残り20年、40歳なら残り30年。「まだそんなに働かなきゃいけないのか……」とため息をつく読者のほうが多いのではないでしょうか。

幸いにして70歳まで元気に働けたとしましょう。それでも、「人生100年時代」となると、実にあと30年を過ごさなければならないのです。その間、年金や退職金などを切り崩しながら生活していくことを思うと、はたしてどれだけの人が「長寿社会の到来だ。バンザイ！」と手放しで喜ぶことができるでしょうか？「カネの不安があるのに長生きできても、これじゃただの厄災じゃないか……」そんな声が聞こえてきそうです。

ともかく不安だらけの「人生100年時代」ですが、それでも、今の人生を少しでも長く歩めることは、本来ハッピーなことですし、ハッピーにしていきたいものです。

「厄災」ではなく「恩恵」に！——私がこの本を書こうと思ったのも、そんな前向きなメッセージを届けたかったからです。そして、あなたの人生における考え方や選択の仕方次第で、「恩恵」にすることは十分に可能だと思っています。

「大手企業にいれば定年まで安泰」という時代ではなくなった

では、どうすれば長寿社会を「恩恵」として生きていけるのか？　結論から言うと、それはあなた自身が「納得できる生き方」を選択できるかどうか、に尽きます。

受験勉強を頑張っていい大学に入学し、就職活動を頑張っていい会社に入社し、定年まで勤めあげ、企業年金で悠々自適に老後を送る――それが、これまでの「王道」とされるキャリアのロールモデルでした。

私も国立大学を出て新卒でリクルートに入社し、30代の半ばまで過ごしましたから、そういう「王道」のロールモデルを信じて疑わなかった一人です。それが「このままでいいのかな？」と思い始めるきっかけとなる出来事がありました。

今から四半世紀ほど前の33歳。当時「リクルートエージェント」という人材紹介業の会社にいた私は、ある新規事業を立ち上げるチームにアサインされました。その新規事業とは「アウトプレースメント」。つまり、主に大企業がクライアントで、40代、50代のベテラン社員の再就職を支援する事業です。

当時は1990年代の終わりで、バブル崩壊のいわゆる「平成不況」の真っただ中。山一證券や日本長期信用銀行など名だたる金融機関が経営破綻するような時代でした。そんな中、大手企業を中心に、ベテラン社員に提供できるポストがだんだんなくなってきて「人余り」が顕在化し始めていました（当時、最大のボリュームゾーンだった「団塊の世代」がベテラン社員の大半を占めていたことも背景にはあるでしょう）。

そこで、リクルートではそういったベテラン社員を他の中小企業などに紹介し、再就職をあっせんする新規事業を始めました。これが、いわゆる「アウトプレースメント」です。

「なんで同期のアイツが役員になってオレはなれないんだ！」

大企業から社外転身することになったベテラン社員と面談しては、そんなグチをシャワーのように浴びる日々。その鬱々とした経験は後にリクルートを辞めて海外留学するきっかけとなったのですが、その話は次章に譲るとして、当時30代半ばの私には次のような事実をリアルに突きつけられる思いがしました。

「大手企業にいれば定年まで安泰、という時代じゃなくなっているんだ……」

「王道」と信じて疑わなかったロールモデルが、ガラガラと瓦解する「音」が聞こえたのです。

主体的にキャリアを選択し「納得できる生き方」を実現しよう

今から20年も前のエピソードをご紹介しましたが、今日のビジネス環境を見てみると、名だたる大手企業が45歳や50歳での早期退職制度を打ち出す動きが見られます。「一つの企業に入社し、定年まで勤め上げ、企業年金で老後を過ごす」キャリアのロールモデルに従っていればいい時代では、ますますなくなってきているのです。だとしたら、自分で「納得できる生き方」を選んだほうがいいですよね。

では、「納得できる生き方」とは何か？　置かれている環境が好転するよう、ただただ祈りながら受動的に運命に従うのではなく、長期的にキャリアを見すえて主体的・能動的に機会を選択していく生き方です。

つまり、キャリアを選択する権利はすべて「自分」が持っているということです。もちろん、今の会社にとどまることも一つの選択肢としてありますが、それも含めて機会を選択し、キャリアを形成する主体はすべて「自分」だということ。それこそが「納得できる生き方」です。

大手企業も、以前ほど社員に対して退職金や年金を支払えなくなってきています。役職定年で給料を減らされることだってあります。そう考えると、いくら70歳まで定年を延長してくれたとしても、１つの会社にとどまることは経済的な意味でもリスクが大きいかもしれません。だとしたら、先々を長期的に見すえたうえで、経済的にも、また自分の納得度としてもハッピーになれるキャリアを、自ら築いていく方向にシフトしたほうがいいと思うのです。

年齢的に遅すぎることはありません。50代を迎え、スキルも経験も豊富な方が思いきってキャリアをシフトするのもよいでしょう。一方で20代、30代の若い読者の方は、今のうちから会社に頼らず、自分で能動的にキャリアを切り拓いていく準備をしておくことをおススメします。そのほうが、いざというタイミングでアクションを起こすことができます。

1―2 自分の力でお金を確保する生き方を選択しよう

雇われる？ 投資する？ 起業する？

「人生100年時代」には一つの会社にとどまることがリスクになる、だから自分で「納得できる生き方」を選択して主体的・能動的にキャリアを形成していこう――と、ここまでお話ししてきました。

その「キャリア」には「お金」だけでなく「やりがい」など多くの価値軸がありますが、仮に「お金を確保する手段」という価値軸で見たとき、人生100年時代を「厄災」ではなく

「恩恵」にしていくためには、年金や退職金をあてにせず、自分の力でお金を確保する生き方を選択する必要があります。

その「自分の力でお金を確保する生き方」の選択肢には、大きく分けて次の３つがあります。

①雇われる

②起業する

③金融投資する

まず、この３つの選択肢を見てどれが最も「リスクが高そうだな」と感じますか？　おそらく多くの方は「②起業する」か「③金融投資する」を挙げるのではないでしょうか。

ただ、ここまでの話をふまえると、実は「①雇われる」も意外とリスクの高い選択肢のように思われます。

一つの会社から雇用され続けるということは、当たり前のことですが、毎月もらう「給料」に対してその人が提供する「パフォーマンス」が見合っていることが条件となります。したがって、加齢に伴ってパフォーマンスが低下するようであれば、その前提が崩れてしまいます。体力が低下して顧客開拓力が落ちる、若い消費者の感性をとらえた企画やマーケティングができなくなる、など、パフォーマンスが低下する要因はたくさんあります。

特に、近年では定年まで雇用とポストを約束される「メンバーシップ型」から、そのポストに適したキャリアやスキルを求める「ジョブ型」へと雇用形態のシフトが起こっています。したがって、よりいっそうそのポストや役職を全うするためのパフォーマンスを発揮し続けなければ、会社から雇用を保障される根拠がなくなってしまいます。

さらに、繰り返しになりますが、仮に定年まで勤め上げたとしても、かつてのように退職金や年金を受け取れる保障もありません。と考えると「①雇われる」人生を選択し続けるのはリスクがあると思いませんか？

となると、残る選択肢は「②起業する」か「③金融投資する」の2択です。

結論から言うと、どちらでもよいと思います。ただ、序章でもお話ししたように、「③金融投資する」のアプローチに関しては多くの書籍がすでに存在します。ここに関しては、あまり私の出る幕はありません。

私がおススメするのは「②起業する」です。起業し、自ら会社のオーナーとなって、年間の配当というフロー収入（不労収入）でＦＩＲＥを目指す、という生き方です。

「キレイな履歴書」はかえってリスクになる！

なぜ、私が「起業」をおススメするのか？　その話の前に、「雇われる」ことのリスクについて、もう少しお話ししておきます。

再び、私がリクルートエージェント時代に携わっていたアウトプレースメント（再就職支援）の話に戻ります。

そこでの４年間は、大手メーカーや大手商社の再就職を希望する40代、50代の方々と毎日のように面談しては、グチを聞かされていました。

「どうしてオレがこんな目に遭わなくてはならないのか！」

「アイツが役員になれて、自分がなれないなんて会社は見る目がない！」

皆さん、世間が羨むような一流の大学を出て、一流企業で勤め続けてきた優秀なビジネスパーソンばかりです。社外転進の対象にされて心の整理がつかないのも仕方ないでしょう。

だから、私も年齢が一回りかもっと上の「先輩」に対して、なんとか再就職の力になりたいと思っていましたし、同時に「こういった華々しい経歴の人をほしい会社はすぐに見つかるだろう」とも思っていました。ところが、いざマッチングを試みるとなかなか難しいのです。

もしも彼らが、若い頃に人材紹介エージェントに登録していたら、きっと引く手あまただったに違いありません。一流大学を出て一流の大手企業に勤めているという経歴は、どこにもキズが付いていない「キレイな経歴」として重宝されるからです。

ところが、「キレイな経歴」のまま大手企業一筋にキャリアを積み、40歳、50歳を超えたとたんに、この「キレイな経歴」が邪魔をして、採用されにくくなるのです。すべてが整っている大企業の環境に慣れてしまい、異なるカルチャーを持つ社外へのデビューが遅いと、「ウチのような名もない中小企業にうまく適応できるだろうか……」と不安視されてしまうのです。

「割に合わない経験」がサバイバル力を高める

ボストン・コンサルティング・グループ出身で、ミスミをはじめ多くの企業の再建に携わった三枝匡氏（現・ミスミ名誉会長）が、大手企業一社のみの「キレイな経歴」の30代候補者と面接する時に、よくこう言っていたそうです。

「これまでのあなたの経験は、世の中の企業のスピードからすると、『周回遅れ』なんです。大手企業にはヒエラルキーがあるので、リーダーとして任される時期が中堅企業に比べて一回り遅くなってしまう。そのことを客観的に自覚したうえで、ウチで成長したいならばまだ間に合うよ」

この三枝氏の言葉には私も深く共感します。基本的に大手企業出身者は、ヒト、モノ、カネが潤沢に整った環境でのビジネスに慣れています。一方、中小企業やベンチャーにはヒト、モノ、カネがいずれも不足しています。そんな環境でもなんとかビジネスを創造し、成果を挙げていく「サバイバル力」を身につけるには、手厚く保護された大手企業の環境から早めに脱出する必要があると私は考えていますし、20代、30代の若い方にもそうアドバイスしています（この「サバイバル力」は本書におけるキーワードの一つなので、追ってくわしく説明します）。

大手から中堅中小企業やベンチャーに転職したら、仕事は大変になる一方で、多くの場合、給料や福利厚生は下がるでしょう。つまり、「割に合わない！」と感じる方は多いと思います。しかし、この「割に合わない」経験を早めにしておくことが、長い目でキャリアをみたときに威力を発揮するのです。

現に、経営者や事業責任者といった高いレベルで市場価値を保ち続けているビジネス人材の多くは、この「割に合わない」仕事を早いうちに経験しています。これは、私がエグゼクティブ人材紹介の仕事を通じて多くのエグゼクティブ人材を見てきた経験から言える「事実」です。

人は誰でも「今日」という日がいちばん若い！

私は、人には二通りのタイプがあると思っています。

「過去に生きるヒト」と「未来に生きるヒト」。

「過去に生きるヒト」は、20歳の時点でも40歳の時点でも、だいたいこう思っています。

「今さらやっても、ちょっともう遅いかな」

そりゃそうですよね。「今日」という日は、過去の自分の中でいちばん歳をとっているわけですから。

でも「未来に生きるヒト」は、「今日」という日がいちばん若い。まさに「思い立ったが吉日」とばかりにすぐアクションを起こせる人です。

私もマインドは後者の「未来に生きるヒト」。何かを始めるときに、「もう遅すぎる」とはあまり思いません。壮大な目標を立てずに、「まずは始めちゃえ！」と思うタイプです。だからこそ、37歳で語学留学という、常識的には無謀なアクションを起こせたのでしょう。

もう一つ、これからのあなたの決断を後押しする言葉として「主観年齢」をご紹介します。

実際の年齢である「実年齢」に対して、主観年齢とは文字どおり「自分は今○歳くらいだ」と主観的に思う年齢のことです。

米バージニア大学の研究者であるブライアン・ノセク氏は、「中高年の主観年齢が実年齢と比べてどれだけ若いかは、次に何をするかという、日常や人生に関わる重要な決定を左右するかもしれない」と話しています。つまり、「自分は実年齢よりこれだけ若い」と思えるかどうかが、今後の生き方の選択にも大きな影響を与えるということです。

一説によると、人は、一日に「９０００回」も決断しているといわれます。だとしたら、実年齢や目先のリスクにとらわれず、「今日」という日がいちばん若いというマインドで「納得できる生き方」を選択してみませんか？　そのほうが長期的に見れば、実は最もリスクの低い選択となる可能性が高いのです。

１－３　「会社オーナー」という選択

「雇用されるチカラ」、持っていますか？

ここまでの話を整理すると、「人生１００年時代」といわれるこれからの時代、年金や退職金だけでは豊かな老後を送ることはますます難しくなります。せっかくの長寿を「厄災」ではなく「恩恵」にするには、納得できる生き方＝キャリアを自分の意思で選択し、自分の力でお金を確保するしかありません。

そうなった時に、「雇われる」キャリアを続けるのは、長い目で見ると最もリスクが高いといえます。人はどうしても年齢を重ねていく生き物で、多くの場合、年齢とともにパフォーマンスは落ちていくもの。1つの会社にいつまでもしがみついても、給料は上がらず、年金や退職金も期待できません。

しかし、その年齢に合った付加価値を市場に提供し続けることができれば、あなたに対して常に対価は支払われ、「雇われる」状態をキープすることができます。

その「年齢に合った付加価値」を提供し続ける能力を、私は「雇用されるチカラ」と呼んでいます（英語では「Employability」といいます）。「雇用されるチカラ」とはすなわち、会社にとって「余人をもって代えがたい人材」だと思わせるチカラを意味します。

突然ですが、本書を読んでいるあなたと、今あなたが勤めている会社は、どういうチカラ関係にありますか？　具体的にいうと、次の場合、どちらサイドが〝より困る〟でしょうか？

あなた……会社から「明日から来なくていいです」と言われたら？

会社……あなたから「今日で会社を辞めます」と言われたら？

答えが後者であれば、あなたと会社とのチカラ関係は「あなたの方が上」。極端な言い方をすれば、「あなたは他の会社に行こうと思えば行けるのに、あえて今の会社で働いてあげている」チカラ関係にあるといえます。これが「雇用されるチカラ」をあなたが保持している状態です。

もしその逆、「会社の方が上」であれば、残念ながらあなたは今の会社で「働かせてもらっている」状態です。言い方はよくありませんが、経済的にも社会的にも会社に「従属」している状態で、「雇用されるチカラ」があるとはいえません。

常に「他の会社でも働ける」オプションを持っておきながら、あえて今の会社で働いている状態こそが「雇用されるチカラ」のある人材です。まずは、現状分析として自分の中に「雇用されるチカラ」があるかどうか、そしてこれからも「雇用されるチカラ」を保持し続けることができるかを考えてみましょう。

「グローバルリーダー」は誰でも獲得できる「雇用されるチカラ」

すでにさまざまなところで言われていることですが、これからの時代に価値を持つのは、ＡＩやロボットに代替されないスキルや経験です。たとえば、あらかじめ手順や答えが決まっているような業務については、仕組みの自動化やクラウドサービスなどに取って代わられるようになっています。

反対に、ＡＩやロボットには簡単に代替されないスキルがあれば、「雇用されるチカラ」を保ち続けることができます。

その「ＡＩやロボットには簡単に代替されないスキル」の一つが、序章でもお話しした「グローバルリーダー」だと私は考えています。いま一度、本書での定義を示しておきます。

●グローバルリーダー＝「グローバル」と「リーダー」の二つのキャリアを併せ持った人材
●グローバル＝英語を使って海外で仕事をした経験を持っていること
●リーダー＝複数人のチームリーダー（またはマネージャー）として、チームを統率し、部下をマネジメントした経験を持っていること

「グローバル」とは、単に英語が話せるだけではありません。辞書的な語学スキルは、それこそＡＩの翻訳サービスにとって代わられるでしょう。そうではなく、ビジネスの環境であらゆる国籍の人と英語で会話することができ、かつ実際に海外で働いた経験を持っていることを指します。

もう一つの「リーダー」は、５人程度であれ、複数のチームを統率し、マネジメントした経験です。自分ではなく他の人に仕事を任せ、成果を出すスキルともいえます。

この「グローバル」と「リーダー」の二つのキャリアの掛け算が「グローバルリーダー」です。つまり、日本人以外の国籍の人と一緒に仕事をし、彼らに部下として仕事を任せ、成果を挙げる能力のことです。

序章でもお話ししましたが、この「グローバルリーダー」は、誰でも獲得することのできる「雇用されるチカラ」です。

感覚値になりますが、どんなに高く見積もっても、「グローバル」と「リーダー」それぞれ

の確率（レア度）は5分の1程度。10人に1人というのは言い過ぎでしょう。ただ、その「5分の1」の確率が掛け合わされれば「25分の1」、つまり4パーセントの人材になれます。

詳しくは第3章でお話ししますが、この「グローバルリーダー」という4パーセントのレア人材は、誰でも手が届き、目指すことができます。

事実、私は3社目となる「ＪＡＣリクルートメント」ではタイ、シンガポールの現地法人で社長やアジア統括のＣＯＯ（最高執行責任者）を経験しました。その後に転職サイトに登録してみると、当時40代後半だったにもかかわらずかなりの求人からオファーがありました。「グローバルリーダー」は、50代を過ぎても多くの企業からオファーをもらえる「雇用されるチカラ」であることを、身をもって実感しています。

「雇われ社長」のままではＦＩＲＥまでたどり着けない？

しかし、忘れてはいけません。本書は将来的に「ＦＩＲＥ」という経済的に独立した生き方を目指すことをうたっています。「雇われる」ことを続けていては、ＦＩＲＥに到達することは難しいでしょう。

私が「起業」をおススメする理由は、まさにそこにあります。最終的には自分が「雇われる」側から「雇う」側、つまり起業して会社オーナーになってみませんか。そして、最終的には経営を他の人に任せながら一定額の配当を得る未来を目指しましょう。
でも、本書を読んでいる多くの方にとって「会社オーナー」という選択肢はいま一つ現実的でないかもしれません。そこで、ここまでのお話をふまえて、序章でも登場した私自身のキャリアステップをもう一度ご紹介します。

〈フェーズ①〉雇われ期（国内）

ここでは、会社に勤め、給料を得ながら、ビジネスパーソンとしての土台となるスキルを身につけます。特に「リーダー」としての経験は、どこの会社でも通用する「雇用されるチカラ」となります。同時に、グローバルリーダーを目指すうえでは、この時期に並行して英語のスキルも学習しておく必要があるでしょう。

〈フェーズ②〉雇われ期（海外）

「リーダー」としての経験と英語力が身についたら、海外企業に転職し、ビジネスの現場で生きた英語を使いながら、海外のスタッフとともに仕事をし、「グローバルリーダー」としての経験値を積み重ねていきます。

〈フェーズ③〉起業（海外）

「グローバル」と「リーダー」双方のスキルと経験が高まり、会社に依存しなくても自分で仕事を獲得することができると判断したら、満を持して海外で起業します。最初は一人でもいいので起業し、個人として業務委託などで仕事を引き受けます。それが徐々に軌道に乗ってきたら人を採用し、複数の人で仕事を獲得し、成果を挙げていきます。

〈フェーズ④〉会社オーナー（海外）

次第に他の社員でも仕事を回せるようになってきたら、信頼のおけるスタッフに経営を任せ、自分自身はビジネスの現場から退き、会社オーナーに徹します。そして定期的な配当収入を得ます。

グローバルリーダーのスキルを高め、会社オーナーを目指そう

この４つのフェーズに沿って、私自身のキャリアステップをチャート化したのが図表１－２です。

このキャリアステップにおける大きなハードルは「起業」と「社員を雇う」の二つです。そして、私の経験上、後者の「社員を雇う」のほうがハードルは高いと感じています。

それらのハードルをクリアするためには、実は若い頃の会社員時代における「雇用されるチカラ」を培っておくステップがきわめて重要です。実は「起業」と「雇用されるチカラ」は、一見対極にあるようで、実は共通点が多いのです。このことは第４章でお話しします。

図表1-2　FIREまでのキャリアステップのチャート図

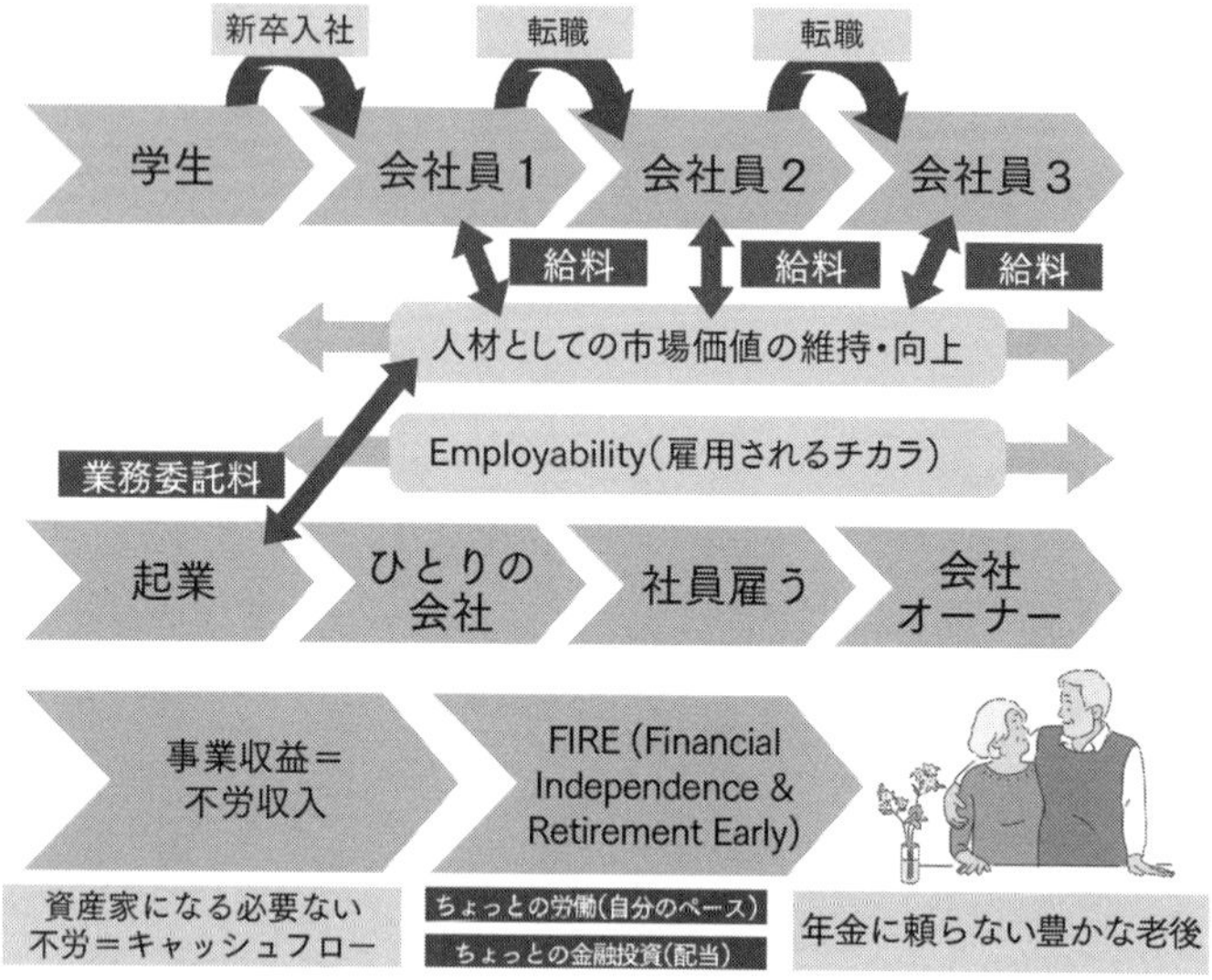

そして、その起業をする先は東南アジア、特に私が経験上おススメするのは「タイ」です。比較的競合の少ないブルーオーシャンの市場が多く、献身的な国民性のあるタイで起業し、会社オーナーを目指す具体的なステップについては、第5章以降で紹介します。

これらのキャリアを形成していくすべての礎となるのが「グローバル」と「リーダー」のそれぞれのスキル形成です。ビジネスの現場で英語を駆使し、海外の人を部下として育て、仕事をさせる経験を、ビジネスパーソンのうちから身につけておくことが、起業に向けた大きな土台となります。

それぞれのステップにおけるポイン

トは、第4章以降で順次ご紹介していきます。その前に、私自身がどんなキャリアステップを歩んできたのかを、第2章、第3章でお話しします。

実にカッコの悪い、行き当たりばったりの人生ですが、結果として3社のオーナーになるまでの具体的な道のりがよく理解できると思います。読んでいただければ、その道のりが思いのほか「自分でも歩めそうだ」と身近に感じられるのではないでしょうか。

第 2 章

グローバルリーダーへの扉を開いた英会話学校

2−1 「100%ドメスティック」だったサラリーマン時代

生まれ育ちは長崎の「超絶田舎」

長崎県西彼杵郡琴海町（現・長崎市）。九州の北西部、大村湾に面する西彼杵半島の小さな町で、私は小学校高学年から高校生までの多感な時期を過ごしました。よく言えば「風光明媚」な、普通に言えば「超絶田舎」です。

「うわー、外人のおるばい、外人の！　見てみんね、あっちあっち！」

外国人が通り過ぎただけで、驚いて友達と騒ぎ立てるくらい、グローバルとはまったく対極的な田舎町です。

父は地元の郵便貯金事務センターに勤めるいわゆる公務員。クラスメイトの大半は漁業か農業といった第一次産業に従事する家庭でした。したがって、その当時は世の中にどんな職業があるのかまったく知らず、大学を卒業したら就職先は公務員と教員しか浮かばない――というのがその頃の私でした。

だから、高校生の頃は漠然と「英語の先生になりたいな」と思っていました。なぜかこの時点で〝英語〟というワードが出てくるのですが、いま振り返るとバリバリの文系で数学がまったく苦手だったので、深い意味はなく消去法でそう思っていただけかもしれません。

高校を卒業後、九州大学の文学部に進学します。「英語の先生」という漠然とした将来像があったので、１年半の教養課程の後は英語英文学科に進もうと思って文学部を選んだのですが、ここで最初の〝挫折〟を経験することになります。

長崎の片田舎から、九州の中心部である福岡に出てきての一人暮らしが、とにかく楽しすぎた！　仲間と焼酎を片手に麻雀に明け暮れる日々。昼夜が逆転するような自堕落な学生生活を謳歌していました。

教員養成課程に必要な科目は、よりによって朝8時半からの1時限にあるのです。昼夜逆転の生活を送っていた私が出席できるわけもなく、第一志望の英語英文学科に進級するロードマップは早くも崩れてしまいました。

早々と絶たれた、英語教師への道

仲間と遊びほうけてロクでもない教養課程を過ごし、早々と英語英文学科への進路を絶たれてしまった私。では、どこに進級するか？　社会学科、心理学科、西洋史学科も当時は人気があり、私の成績ではかすりもしません。

残されたのは定員割れしている学科ばかり。哲学科、宗教学科、朝鮮史学科、印度哲学科、東洋美術史学科……。こういうマニアックな学科を選択するのは初めからその道を目指して九大に入ってきている「ガチ勢」です。とてもついていけません。

地理学科。おっ、地理は好きだし高校野球は地方予選からチェックしているからついていけそうだ。地理の先生になれる可能性もあるぞ……、あっ、そもそも教員課程に必要な科目をほとんど履修できていないんだった。これも断念！

こうして泣きそうになりながら自分が入れそうな学科を探していると、ある文字が目に留まりました。

「フランス文学科」

これだ！　なんか女子も多そうで華やかそう！　これぞ夢のキャンパスライフ！　工学部や経済学部の奴らに羨ましがられること間違いなし！　しかも英語よりフランス語のほうが希少価値は高いはず！　……などと英語英文学科に行けなかった自分を適当なロジックで正当化し、はれて私の進級先は「フランス文学科」に決まりました。

しかし、いざフタを開けてみると、女子学生25人に対して、男子学生は私ともう一人の2人だけ。男女比が4：6くらいならまだいいのですが、1：9というのはかえって地獄で、いつも完全アウェーな空気を感じながら教室で縮こまっていました。当時、フランス文学研究室から逃げだし、毎日朝まで酒とマージャンに付き合ってくれてた経済学部の友人にはお世話になったたっけ……。

あれ？　ここまでは「グローバルリーダー」のかけらもない人生です。それどころか、今日私が会って話をする学生の皆さんと比べると、恥ずかしいほどの「意識低い系」学生だったのです。

「1000人の同期」とともにリクルートに入社

さて、そのような「意識低い系」学生の典型だった私にも就職活動の季節がやってきました。

しかし、当時の文学部というのは地元の福岡に残って公務員や教員を目指す、あるいは大学院に進学する学生が多く、就活して民間企業を志望する学生はほとんどいませんでした。

当時の私は早々と教員の道を絶たれており、かといって大学院に進学するような向学心もない。残された道は民間企業しかありません。焦って手当たり次第に名前の通った企業を探しては、片っ端から面接を受けていました。

その中の一つにあったのが「リクルート」です。

ちょうどリクルートの九州支社が、天神の一等地に自社ビルを建設しているタイミングだったこともあり、同社は九州の学生を対象に熱心に採用活動を行っていました。「就職活動についてアンケートしたいので来てください」と言われ、そのとおりに指定の会場に行ってみると、若手のトップ営業マンのリクルーターが待ち構えていていきいきと仕事の話を語ってくれます。今思えばそういう戦術なのですが、長崎の片田舎で育った世間知らずの私は「こんなに魅力的な会社があるんだ」とすっかり感化され（実際、魅力的な会社なのは確かです！）、最終的にリクルートに内定しました。

「リクルートに内定、すごいですね！」と、若い読者の方なら思われたかもしれませんが、私がリクルートに入社した1988年当時は、バブル景気の絶頂期。翌1989年12月には日経平均が史上最高値を更新する（38915円）という空前の好景気の真っただ中にありました。そのこともあってリクルートも採用に積極的で、おまけに私たちは団塊ジュニアの少し上の世代で人数も多かった。私を含めて実に1000人もの新卒がリクルートに入社した、そんな時代だったのです。

晴れて社会人となった私が最初に配属されたのが、東京の「学び事業部」。専門学校の学生募集を支援する部署で、クライアントである専門学校に対して、学生募集の広告の提案を行い、その広告を一つの情報誌にして全国の高校に配布する仕事です。手当たり次第にテレアポするような企業営業と異なり、一人当たりのクライアントが約30校と限られていたので、それぞれの学校と深くお付き合いしながら広報戦略を一緒に考え、提案していました。

社内公募に手を上げ、人材紹介の世界へ

専門学校を相手とする広告提案営業に6年ほど携わり、営業マンとしてのキャリアとともに、専門学校業界についての知識もだいぶ身につきました。同時に、ある不安が身をもたげてきます。

「ビジネスパーソンとして、このまま学校の業界しか知らなくていいのかな……?」

その頃、他の営業担当の同期はそれこそさまざまな業界の企業を相手に戦っているわけで、自分としても企業営業のスキルや経験を身につけないとまずい、との危機感があったのです。そこで機会をとらえては上司や役員に「企業を相手にする部署に異動させてほしい」と懇願していました。

そんな折、一つの社内公募の案内が目に留まりました。

〈新規事業の人材紹介事業で増員につき、社内公募を行います〉

これだ!　と直感した私は、その社内公募に手を挙げ、リクルートグループの「リクルートエージェント」の人材紹介事業部に異動しました。1996年、入社から8年目。以降、私がキャリアの大半を歩むことになる人材紹介ビジネスとの最初の出合いです。

本当は、企業相手の営業を希望していたのですが、実際に配属されたのは人材側の転職希望者を相手とするキャリアカウンセリンググループ。しかも私に与えられた担当がIT、電

機、機械、化学のエンジニア人材。バリバリ理系の世界で、リアルビジネスすらほとんど知らない私に「半導体の設計をやっています。私に合ったキャリアと仕事はありますか？」といった依頼が次々に来るという状況。求職者との面談も初めの1回は研修という名目で上司に付いて見せてもらいましたが、「次からは一人でやってね」と突き放されてしまいます。もう冷や汗ものでした。

ただ、「継続は力なり」とはよく言ったもので、多くの人材と面談を重ね、場数を踏んでいくうちに相場観が養われ、転職市場や人材の価値などがわかってくるものです。「これまでどんなご経験をされてきたか、ご説明いただけますか」といえば、皆さんうれしそうに自分の経験を話してくれます。「技術的なことはわからなくても、聞いてあげることがカウンセリングの8割を占めるんだな」ということがわかってきました。

人材紹介のコツが身についてからはマッチングの成約率も上がり、マッチングが成立すれば企業からも転職希望者からも感謝されます。それがうれしくて、業績もどんどん上がっていきました。私の場合はとにかく「量」で勝負するタイプで、他の人が一日平均3人、月60人と面談するところを、自分は一日5人、月100人。成約率が3割だとしたら他の人は18人、自分は30人。業績も大きく突き抜けることができました。

もともとは希望していなかった「人」が相手のキャリアアドバイザーの仕事でしたが、自分でコツをつかみ、業績を上げていくうちに面白くなっていく。そして自分のキャリアの軸になるのですから、人生とは本当にわからないものです。

「山の中腹で、神輿を降ろしてお弁当広げてるよね」

こうしてキャリアアドバイザーの仕事が楽しくなり、業績も認められるようになった私は、1997年に課長に昇進しました。課長と言っても新入社員を含めた5人ほどの小さなチームのリーダーでしたが、ここで初めて私は「マネージャー」の立場を経験することになります。

しかし、この頃の自分について正直に白状すると、マネージャーとしては完全にポンコツでした。よくあることですが、「マネージャーに昇進した」ことがゴールになってしまい、達成感が出てしまったのです。

昨日の自分と今日の自分は、寸分の狂いもなく何も違わない。それなのに、「課長」という肩書がついただけでなんとなく偉くなった気分になります。それで勘違いを起こして、昨日まで同僚だったメンバーにもなんとなく上から目線で接してしまい、それが災いしたのかチームの業績はボロボロでした。

定例のマネージャー会議に出席しても、先輩マネージャーたちがチームの業務の課題を見つけて改善策を議論している中、当時の新米マネージャーの私はそもそも課題が何なのかがわかりません。だから会議でも発言できないツラさ、恥ずかしさを味わいました。

今でも忘れられない出来事があります。昇進して半年ほど経ったある日、当時の社長に呼び出され、社長室に入るや、こう言われました。

「蒲原君。言っちゃ悪いけどキミ、いま山の中腹で神輿を降ろしてお弁当広げてるよね」

期待を込めてマネージャーに昇進させたのに、それにあぐらをかいて休んでいるだろう、ということです。まったくもって何も言い返せませんでした。そもそも、そのときは言われていることの意味すら理解できなかったのです。

いま振り返ると、当時の私は一人のプレーヤーとしては業績を上げていたので、「課長」というポストを一種の「ご褒美」ととらえていたのでしょう。でも、プロ野球でも選手とコーチ、監督では求められる役割や能力が異なるように、私はプレーヤーとしてはともかく、マネージャーとしての役割を理解しておらず、能力もありませんでした。

このときの社長の言葉はさすがにショックでした。さりとて、どうしたらいいのか自分でもわからない。そうモヤモヤしている中、1年後に突然異動の内示を受けます。それが、第1章でもお話しした「アウトプレースメント」の事業部でした。

「グチのシャワー」を浴びせられる日々

業績を認められて「課長」というチームリーダーを任されたものの、1年間何もできないまま、アウトプレースメントの事業部へ――このときは天国から地獄に突き落とされたかのようなショックを受けました。

お話ししたように、アウトプレースメントというのは大企業の40代～50代の中高年社員を対象に、中堅・中小企業への転身を支援する部署です。事実としてはそうではないのですが、当時の私はその事業内容も相まって「オレも人材紹介の本流から外されたのかな……？」と完全に落ち込んでしまいました。

それに追い打ちをかける、というわけではないのですが、業務内容が社外転進を迫られた中高年社員のキャリアカウンセリングです。

第1章でもお話ししましたが、「どうしてオレがこんな目に遭わなきゃならないんだ！」「アイツが役員になれて、自分がなれないなんて会社は見る目がない！」といったネガティブな言葉をシャワーのように浴びせられる日々。幸い、直属の上司との相性がよかったこともあり、途中からは「これも大事な仕事なんだ」と自分に言い聞かせながら、日々のキャリアアドバイザー業務に当たっていました。

これも繰り返しになりますが、この時に得られた「大企業に入社すれば定年まで安泰ではないんだ」というキャリア観のようなものは、後のキャリア形成に無意識に影響を与えている気がします。アウトプレースメント事業のクライアントは、名だたる一流企業ばかり。目の前のベテラン社員の方々も、その企業に奉仕して定年まで迎えるのが一つの王道だと信じて疑わなかったでしょう。それが、その組織の中でパフォーマンス発揮できずにいると、定年までいられなくなる時代になっている。その現実を、当時30代前半の私が目の当たりにしたのはいい経験だったのかもしれませんし、第1章でお話しした「納得できる生き方」というキャリア観にもつながっている気がします。

とは言うものの、毎日のようにベテラン社員のグチや悩みを浴びるのは当時の自分にはツライもの。「何か環境を変えなければ、いずれはオレも……」と、目の前のベテラン社員に未来の自分を見る思いがしてきました。

悶々とした日々を過ごす中、最寄りの駅の近くでふと、ある看板が目に留まりました。

そこには「英会話スクール・イーオン溝の口校」と書いてありました。

2－2　37歳、会社を辞めて「語学留学」します！

軽い気持ちで入った駅前の英会話学校

20代から30代までの間に、自分のキャリアが思い描いたようにいかず、あるいはステップアップを目指して、資格を取ったり勉強をし始めたりする人は少なくないと思います。弁護士や公認会計士など高度な資格にチャレンジする人や、海外のビジネススクールでＭＢＡの取得を目指す人も、私の周囲にはいましたし、読者の中にもいるかもしれません。

しかし、当時の私にはそこまでの高い意識はなく、それでもなぜか「英会話スクール・イーオン溝の口校」の看板に心惹かれるものがありました。ふと、「昔は英語の先生になりたい、なんて思ってたなぁ」などと学生の頃を思い出したのです。

今の仕事には英語はまったく使わないし、将来英語を活かした仕事をしようという気も１ミリもありません。あったのは、ベテラン社員のグチを浴びるような鬱々とした仕事の気晴らしをしたい思いと、「英語を話せるって、なんかいいよね」などという、学生のような軽いノリだけです。

しかし、当時の英会話スクールは入学金だけで数十万円もかかります。「英語を話せるっていいよね」という軽いノリで入学するにはハードルが高すぎる……。

そんな私に、大きな追い風が吹いてくれました。1998年に創設された「教育訓練給付金」。厚生労働省が指定する講座を受講すれば、雇用保険に5年以上加入している場合、30万円を上限として経費の80パーセントが支給される制度です（後に経費の40パーセント、20万円上限に給付水準を引き下げ）。

「8割も戻ってくるのなら、このチャンスに受けてみるか」

そんな後押しもあって、私はその「イーオン溝の口校」で英会話を学ぶことを決めました。でも、繰り返しますが、その当時は「何かの気晴らしにでもなればいいなぁ」くらいの軽い気持ちだったのです。

英会話にのめり込みながら芽生えた「海外で暮らしてみたい」

こんな軽い気持ちで入った英会話スクールですが、結果から言うととても楽しかった！

グループレッスンの仲間には本当に恵まれました。場所がら、電機メーカーなど大手企業に勤めるビジネスパーソンの方が多く、私がかつて電機・機械系の人材紹介業に携わっていたこともあって、打ち解けるのに時間はかかりませんでした。毎週土曜日のレッスンが待ち遠しくて、レッスン中はもちろん、終わってからは居酒屋に直行してジョッキ片手に将来の夢を語り合ったり、カラオケボックスで発散したり……。

入社以来、リクルートという会社から一歩も出たことのなかった自分にとって、週に一度のこの〝社外交流〟が、何の気なく始めた英会話レッスンを継続する最大のモチベーションになったのです。

もし、このときの「イーオン溝の口校」のグループレッスンがつまらなかったら、仲間に恵まれていなかったら、そして「教育訓練給付金」という制度がなかったら――その後の「グローバルリーダー」としてのキャリアはまったく歩めていなかったでしょう。そう考えると、いろんな奇跡が重なって今日の自分があることをつくづく実感します。追ってお話ししますが、「Connecting the Dots」の大事さですね。

こうして、ほんの気晴らしのつもりで始めた英会話レッスンにのめりこんでいった私は、当初は思いもしなかった「願望」を意識するようになります。

「海外で暮らしてみたいなぁ……」

もともと、リクルートですでに10数年働いていたこともあって「転職」の二文字がちらつき始めていた頃です。特に人材紹介ビジネスに長く携わったので、同じ人材紹介業界の他社に転職する選択肢もありました。ただ、それよりは「これまでの人生で経験していないことをやろう」というモチベーションのほうが高かったのです。

その「人生で経験していないこと」は、「海外で暮らすこと」。転職してしまったらいよいよそのチャンスはなくなるので「今しかない！」という思いにかられるようになりました。

「40手前で帰ってきても、お前に紹介できる仕事なんかないぞ」

ある日、私の足は、とある留学エージェントの事務所に向かっていました。今までの人生で経験のない「海外で暮らす」願望をかなえるための手段として「語学留学」を思い立ったのです。

語学留学といえば、相場は高校生、大学生など10代〜20代の若者。そうではなく30半ばのオジサンが目の前のカウンターにいるのだから、カウンター越しのカウンセラーも内心ビックリしていたことでしょう。

そのカウンセラーから勧められた留学先が、カナダのバンクーバーでした。最初はアメリカを中心に探していたのですが、ちょうど2003年にイラク戦争が勃発して政情に不安がありました。その点、バンクーバーはカナダの中でも比較的温暖で、アメリカより物価も安く治安もいい。それで、最終的にバンクーバーの語学学校にねらいを定めました。

カウンセラーからいろいろとアドバイスを受け、留学先も徐々に絞られるうちに、海外留学という「願望」がだんだんリアリティを帯びた「計画」へと変わっていきました。

「会社を辞めて転職するくらいなら、一度きりの人生だし、海外に行ってみるか！」と、最後は自分で自分の背中を押して、バンクーバーへの語学留学を決断しました。

その後の、会社の送別会での顛末は、序章の冒頭でお話ししたとおりです。

「37歳で語学留学?」

「お前のキャリア、終わったな……」

「40手前で帰ってきたところで、お前に紹介できる仕事なんかないぞ」

それこそ、集まってくれた仲間は人材紹介のプロですから、そういう目線でありがたい〝アドバイス〟をしてくれます。いま振り返ると、「自分がキャリアアドバイザーだったらそんなステレオタイプの、視野の狭いアドバイスはしないよ」と思えるのですが、当時は素直に「そうだよな……」と受け入れていました。

でも、今さら引き返すことはできません。キャリアの王道から外れることは仕方ない。でも、辞めると決めたからにはハラをくくるしかない——送別会の席上でそう自分に言い聞かせながら、私は苦くてぬるいビールを飲み干しました。

いま「行けない」人はずっと「行けない」

ただ、一方でこんなことを打ち明ける同僚も少なからずいたのです。

「海外留学かぁ。ホントはオレもそういうの、やりたかったんだよな……」

ケチョンケチョンにけなされるよりは、悪い気はしないのですが、内心「〝ホントは〟って何だよ？　〝ホントは〟って」と思っていました。

行きたかったら、今からでも行けばいいのに。でも、行かない。それがあなたの〝ホント〟でしょ……？

「かもさん、僕もいつか海外で就職してみたいんですよね」

現在も、講演会や飲み会などの席上でこう話す若者にたくさん出会います。私が「どうして今じゃないの？」と聞くと、だいたい次のような言葉が返ってきます。

「いや、もうちょっと英語力を上げてから……」

「今は仕事を抜けられないので……」

なんだか、「行けない理由（＝行かない理由）」を挙げて、自分で自分を納得させているようにも聞こえます。

大手予備校のコマーシャルではありませんが、いま「行けない」と思っている人は、この先もずっと「行けない」のではないでしょうか？

後になればなるほど、「行けない理由」は増えていきます。子どもができました、家を買いました、親の介護が……「行けない理由」が増えるほど理論武装されていき、ハイ！　めでたく「ホントは行きたかった人」のできあがりです。

もちろん、石橋をたたきながら綿密な計画を立てて自己実現に向かっている人もいるのですが、私の見るところ、多くの場合は「過去に生きるヒト」。それでは、「いつかは行きたいなー」と思っている、その「いつか」は永遠に来ないのではないかと思います。

第1章で「過去に生きるヒト」と「未来に生きるヒト」のタイプのお話をしましたが、海外で仕事をするうえでも、後者のほうが向いていています。言い換えると、いい意味での「鈍感力」がある人。「自分の持っているものは言うほど大したものじゃない。必死で守らないといけないものでもないな」と、いい意味で自分を矮小化できる人です。

いま振り返ると、どんなポジションでどんなことをしていても、「手放すのは惜しくない」と思えることは、未知の領域に一歩を踏み出すうえでとても大事です。私の場合は、バンクーバー留学を決めた時点で、リクルートという大企業でのキャリアを一度手放した。それ以降はどんな会社でどんな要職にいようが、「手放す」ことに対してあまり執着しなくなったのです。

いま持っているものに執着しない。手放すことをためらわない。それが、「納得できる生き方」を自分で選択するための大事なマインドだと思います。

2-3 語学留学で得た英語力と「なんとかなる」マインド

初日の授業で感じた「みんな、若っ!!」

そんなこんなで2003年5月、15年間勤めたリクルートに別れを告げた私は、37歳と10か月でカナダ・バンクーバーの「EJ Canada College」に入学します。

初日のことは今でも鮮明に覚えています。教室に入り、着席して周りを見渡してまず感じたこと……。

「みんな、若っ!!」

クラスメイトの国籍は日本人をはじめ韓国人、メキシコ人、タイ人など。20歳前後の現役大学生が中心で、年齢が上でも30歳前後の社会人経験者。私のような40間近のおっちゃんは教室中を見わたしてもいません。隣の机にいたのはヨウコという16歳の高校生……。

周りも、こんなおっちゃんがクラスメイトとあって、どことなく遠巻きに私を見ています。ただ、後で話を聞いてみると「この人はいったいどんな思いでカナダに留学に来たんだろう?」と興味津々だったみたいです。

入学初日に授業が終わって、一人でホームステイ先に帰ろうとしたら、日本人のリサという女の子が話しかけてくれました。

「へぇー、タカシって言うんだ。なんでここに来たの？　この後時間ある？　ちょっと話しようよ。スタバ行かない？」

えっ、何？　このフランクなノリ……。

そう、ここではほとんどが一回り以上も年下だけど、超絶タメ語！　みんな明るくてフレンドリーで、こちらから話しかければみんな笑顔で一生懸命話してくれました。

それが、ついこの間までザ・日本企業のピラミッド組織にどっぷり漬かっていた私には新鮮で妙に心地よく、「なんだかやっていけるかも……！」と初日の段階で確信したのでした。

この語学学校でもクラスメイトに恵まれた私は、つくづくラッキーな男です。

「これだけは獲得して帰国しよう」と決めた2つのこと

とはいっても、もちろん遊びでカナダまで来たわけではありません。入学した時点ですでに38歳になる一歩手前。「一度きりの人生、とにかくやってみたかった」という軽い動機とはいえ、「あー、楽しかった！」で終わるのは、40手前のビジネスパーソンとしてはあまりにも格好がつきません。

そこで、自分の中で「この2つだけは何としても獲得して日本に帰ろう！」と目標を定めました。

一つは、英語力。これは語学留学ですから、当たり前ですね。でも、せっかく留学してもまったく進歩のないまま帰国する人も少なくありません。日常の楽しい生活に流されすぎず、勉強時間は意識的に確保して、ビジネスで使えるレベルの英語力を身につけようと決意しました。

もう一つは、いま一度「自分は何をしたいのか？」を見つけること。

38歳で「自分探し」の旅？　と怪訝に思った読者もいるかもしれません。そうです、これこそ最高にカッコ悪いですよね！

でも、これでいいのです。これまでキャリアの大半を歩んできた人材紹介の他に、自分に適性のある業界・業種があるのか、語学留学を機にいったんリセットして棚卸ししてみようと思ったのです。結果として、私の人生の中で、この作業は必要なことだったと振り返っています。

さて、そのように2つの目標を定めたうえで、まずは英語力。カナダに来てまず痛感したのは、「まったく単語を知らん！」ということです。

街を歩くときは常に電子辞書を携行し、電車や街中の広告を見て知らない単語を見つけては、片っ端から引きまくりました。カフェなどに入って、電子辞書に残った履歴を見ながら、ちゃんと記憶しているかどうかをもう一回チェック。授業中も、わからない言い回しが出てきたら勇気をもってどんどん質問するようにしました。

そんな習慣を続けているうちに、留学直前には620点だったTOEICのスコアが、滞在中の1年間で845点にまでアップしました。これは、留学前にイーオンのグループレッスンである程度の基礎力をつけていたことが奏功しました。

私の場合は600点そこそこのスコアですが、その600点のベースがあったからこそスキルを上乗せできたのだと思います。一方で、英語の基礎力が乏しく、文法もほとんどわからない状態で留学に来た若い人が、授業にまったくついていけないのも見てきました。やはり、留学して本当に英語力を身につけたいのなら、日本である程度の基礎力を身につけてからのほうが、留学の効果は表れやすい。それは身をもって実感しています。

38歳、「インターン生」になる

さて、もう一つの目標として立てた「自分探し」。

人材紹介の仕事は業績も上げていたし、好きでもありました。それでも、「自分には人材紹介しかない」と自ら可能性を狭めることはしたくなかったので、この語学留学を機にリセットボタンを押し、いろんな人と出会う中で今後のキャリアの可能性を探ってみることにしました。

英語力を身につけて帰国した自分を思い描きながら、あらゆる職種・業界を考えてみましたが、やっぱりどう考えても「人」が好き。「企業」が好き。つまり「人材紹介業」が好きなんだ、という結論に達しました。

そのことを再確認できたのが、留学生活の最後の2か月で体験した、現地の人材紹介エージェントでのインターンシップでした。

38歳のインターン生……ここでも「え？」と思った方、クスッと笑った方がいるかもしれません。でも、37歳で語学留学に来た時点で、私に失うものは何もありません。すべてが経験という「糧」となる！　との思いで、私は語学学校から紹介を受けた、バンクーバーを拠点とする小さな人材紹介エージェント「ゴールドベック・リクルーティング」にお世話になりました。

「You are the oldest intern guy who I have ever had!」

（お前は、オレが今まで会った中でいちばん年寄りののインターン生だな！）

社長のヘンリー・ゴールドベックさんからはこんな感じで毎日イジられていましたが、この2か月間では、今後のキャリア形成につながる貴重な経験をさせてもらいました。

それまでの語学学校や日々の勉強で語彙力もアップし、ＴＯＥＩＣも８４５点まで伸ばすことができたので、英語力はそれなりに自信もありました。加えて、日本では業界トップのリクルートエージェントで人材紹介のキャリアを積んできた自負もあります。インターンとはいえ、ヘンリーにも「即戦力だ！　ぜひわが社でずっと働いてみないか？」と喜んでもらえるだろう――その自信は、初日の1時間でもろくも崩れ去りました。

学校の英語とリアルな英語はこうも違うのか！

まず、苦労したのが電話です。

ホームページの求人を見た転職希望者から、ひっきりなしに電話が鳴り続けます。小さい会社ですし、インターンだからといって鳴り続ける電話をスルーできません。しかし、相手にしてみれば電話に出るのは英語ヨタヨタの日本人……まさか想像だにしないでしょう。

そう、まさにここはリアルビジネスの現場！　目の前には職を求める人がいて、好むと好まざるとに関わらず、どんどん応えていかなくてはなりません。オタオタしていては、今までヘンリーや他のコンサルタントが培ってきた会社への信頼を一瞬で失ってしまいかねません。

その責任は痛いほどわかっているのですが、電話口でカナダ人からネイティブ英語で一方的に喋りまくられ、こちらは頭が真っ白。口から出てくるのは「Sorry……」「Pardon?」という単語だけ。結果、「なんでバンクーバーのエージェントに電話して、英語ができないジャパニーズが出るんだ！」と電話をガチャンと切られる始末……。

インターンを受け入れたヘンリーも、さすがに「こいつに電話当番を任せていたら会社が潰れてしまう！」と思ったのでしょう。私は早々に電話当番から候補者探しのアシスタントへと〝配置転換〟を命じられました。

学校で生徒として喋る英語と、リアルなビジネス現場で使う英語はこんなに差があるのか——学校という場所がいかに受け身で、自分のペースで質問したい時だけ質問し、わからないときはスルーすることも許され、自分の好きな言い回しだけ使える特殊な空間だったかを、このインターンを通じて痛感させられたのです。

夢にまで出てきた英文レジュメ

電話当番から、企業の求人に合う候補者を探し出す仕事への〝配置転換〟。この仕事にも、コンサルタントのアシスタントとはいえ非常に苦労させられました。

コンサルタントの依頼を受け、ポジションに合う候補者を求職サイト「モンスター・ドットコム」から引っ張りだし、選定した候補者に連絡を取ってコンサルタントとの面談アポを入れる。たったこれだけのことがなんと難しいことか！

候補者と企業とをマッチングするスキルと、本人承諾を取るスキルには自信がありました。

それが、言語が異なるだけでなく、名もないエージェントになるだけでこんなにも難易度が上がるなんて……。

人材紹介最大手のリクルートエージェントでは、求職をしている登録者は黙っていても向こうからやってきて、担当者に割り振られるもの。基本的に「待ち」の姿勢でよかったのです。そのことが、いかに自分が大手企業の恵まれた環境で仕事できていたかを思い知らされました。

「お！　なんかキーワード的に求人に合ってるかも……」と思ってコンサルタントのところにレジュメを持っていったら、

「ヘイ、ＴＡＫ！　こんなふうにレジュメに『versatile（何でもできる）』なんて書いている人は、結局『何もできない』と言っているのと同じなんだ。やり直し！」とダメ出し。

「おっ！　今度こそピッタリな人を見つけたぞ！」と別のレジュメを持ち込むと、

「ヘイ、ＴＡＫ！　現住所を見てみろ。オタワじゃん。バンクーバーまでは通えるわけないだろ。やり直し！」（その距離３５００キロ！　確かに札幌～沖縄以上だわ……）

レジュメを持ち込んではダメ出しされ、また持ち込んではダメ出しされ……このときはもう夢に出るくらい、「モンスター・ドットコム」を開いてはひたすら英文レジュメを読み込みました。

「これ、めっちゃ勉強になるわ。おもしれー！」

なかなかスパルタなインターンシップでの2か月間でしたが、毎日が落ち込むヒマもないほど刺激的。新たなスキルがインストールされる喜びを感じながら、充実した2か月間を過ごすことができました。

後でお話ししますが、海外で働くということは当然、言語だけでなくビジネスの習慣もその国の人の気質も、日本とは大きく異なります。多少うまくいかなくてもめげずにトライできるポジティブなマインドが、異なるビジネス環境で成果を挙げる「サバイバル力」につながるのだと実感しています。

心に刻まれたキーワード「経営者」と「グローバル」

興味深かったのは、このインターン先のエージェントでも「ヨミ会」をやっていたことです。

「ヨミ会」を知らない人のために説明すると、リクルートグループが伝統的に行っている、営業の進捗報告会議のことです。とはいっても単なる報告会でなく、商談ごとにAヨミ、Bヨミ、Cヨミと成約の確度を営業マンが「読み」、それをもとに売上目標を達成するためのタスクに落とし込むのです。この「ヨミ会」によってリクルートの社員は営業スキルを鍛えられているといっても過言ではありません。

　このエージェントでも、社長のヘンリーとコンサルタント３人、庶務の女性社員、そして私が毎週のように集まっては「ヨミ会」を開いていました。

「どうだい？　ＴＡＫ。ウチの会社ではこのヨミ会をやっているから、今月、来月の売り上げがだいたい把握できているんだ。経営者としてセンスいいだろ？」

　ヘンリーはいつも自信満々でしたが、ヨミ会が終わって彼が退室すると、庶務の女性社員が私にこっそり耳打ちしてくれます。

「ＴＡＫ、ボスのＢヨミはだいたい入らないわよ」

　サポートスタッフの感覚値のほうが、社長のヨミより確度が高いところは、国境を超えた「あるある」なんだなぁ、と思わされました。

　そんなヘンリーでも、バンクーバーのダウンタウンを一緒に歩いていたり、カフェでお茶を飲んでいたりすると、次々と自分が転職サポートした人とすれ違い、声をかけられます。

「Hey! How are you?」（元気？）

「Wow It's been a while!」（久しぶり！）

　いやぁ、うちのボスは本当に顔が広い！　１００万人弱くらいの都市で、しかもほとんどのホワイトカラー職はこの地元で働いているとなれば、長年地元で人材紹介をやっているとこうなるのかな、と感心しながら、談笑するヘンリーを見て「やっぱりこの人材紹介の仕事は面白いな」と再確認したのでした。

インターンに来て1か月が経った頃、ヘンリーの家に招待され、家族で夕食をご馳走になったことがあります。

「TAK。社長のオレの耳には入ってこないようなみんなの悩み事や、それぞれの課題はあるか？　ざっくばらんに聞かせてくれ」

インターンとは言ってもヘンリーの次に年長だった私は、いつしか直に相談していただけるような間柄になっていました。「社長というポジションは、普段は威勢のいいこと言っていても、心中はいつも孤独や不安と向き合ってるんだな」と感じ入ったものです。

その頃から意識の中に、これからのキャリアとして「経営者」と「グローバル」という二つのキーワードが自分の中に深く刻まれていくことになります。

いま、私が英会話を習うなら……？

こうして振り返ると、いろんな意味で刺激的で濃密な、バンクーバーでの語学留学でした。英語力はもちろん、マインド的にも大きく成長する転換点だったと回想しています。今日、講演などで「人はいつでも変われるよ！」と自信をもってお話ししているのは、まさにこの37

歳で思い立ち、20歳そこそこのクラスメイトに囲まれた語学留学が原体験になっているのです。

また、その語学留学のきっかけをくれたのが、駅前の「イーオン溝の口校」であったことはお話ししたとおりです。あの英会話レッスンに出合っていなければ、いまの自分はどうなっていたか想像もつきません。そのくらい、英会話というのはグローバルへの扉を開き、人生そのものを変える可能性を秘めたスキルだと思っています。

私のこれまでの経験から、英会話を学ぶうえでは次の３つの要素が重要だと考えています。

①入学のハードルが低いこと
②楽しく続けられるコミュニティ
③リアルな英語（特に「非英語圏」）に慣れること

①入学のハードルが低いこと……何十万円も入学金を払って「よし、やるぞ」と意気込んで英会話スクールに入学するというのは、その時点で多くの「英語に興味がある人」を門前払いしてしまっています。「なんとなく英語が話せたらいいよね」くらいの軽い動機で気軽に始められることが大事。学習意欲は続けるうちに勝手に高まっていくもの。私も、入学金の８割がキャッシュバックされる教育訓練給付金の後押しがなかったら、絶対に英会話

スクールに入ろうとは思わなかったでしょう。

②楽しく続けられるコミュニティ……英会話は、一にも二にも「継続」。とはいっても、「続けなきゃ……」と義務感にかられるのではなく、楽しくて自然と教室に足が向くような環境が大事です。私の場合は、英会話スクールのクラスの仲間に恵まれ、毎週のレッスンと飲み会をいつも心待ちにしていました。楽しいコミュニティは英会話を続ける必須の要素です。

③リアルな英語（特に「非英語圏」）に慣れること……バンクーバーでのインターンでは「学ぶ英語」と「リアルな英語」の違いに苦労させられました。英会話を学ぶうえでも、この「リアルな英語」に触れることが重要で、そのためにはオンラインより対面の環境のほうが望ましいと考えています。

特に、東南アジアなど「非英語圏」のキレイでない英語に慣れておくと、グローバルな環境でより対応力の高い英会話スキルが身につきます。この点については、次章以降でお話しします。

実は、この3つの要素を満たしているのが、私がCOOを務めていた「ワンコイングリッシュ」の英会話サービスです。代表の兒嶋裕貴さんの熱い志とともに、同社のサービスには私が必要と考える要素がすべて詰まっていることに共感したからこそ、私は経営を一緒にさせていただく決断をしたのです。このことは、本書の最後でもあらためてお話ししたいと思います。

いま、私が30代半ばの「あの頃」に戻ったら？……間違いなく「ワンコイングリッシュ」を選んでいたでしょう！

第3章

国内営業一筋の私が海外で社長、そして会社オーナーに？

3-1 エグゼクティブ転職の仕事で得られた、経営者の視座

転職支援のプロ、自分の転職で大いに悩む？

刺激的だった1年間のバンクーバー語学留学も終わり、当初立てた「英語力」と「やりたいこと探し」の2つの目標もある程度クリアした私は、充実感とともに帰国。そして、日本での就職活動を始めました。

留学前は同僚から「40手前で帰ってきても紹介できる仕事なんかないぞ」などと脅されたものですが、幸いにもいくつかのオファーを頂くことができました。それはそれでありがたいのですが、思いもよらなかったことが起こります。

「自分にはどの会社がベストなのか？　選べない……」

転職支援のキャリアアドバイザーを長年やってきた自分が、よりによって自分が転職する側に回るとこんなにも悩むものとは……思ってもみませんでした。

キャリアアドバイザーがよくやる、こんなアドバイスがあります。

「今ある選択肢を比較する項目を、できるだけたくさん書き出してください。勤務地、給料、やりがい、会社規模、などなど。それらの項目について点数化し、もっとも総合点が高いオファーを……」

自分も同じように、比較項目を書き出し、5段階で点数を入れてみます。それで確かに各社の総合点がはじき出され、いちばん高いのはA社、と結果が出ます。しかし、果たしてそのA社に魅力を感じるかというと、「う～ん……」と悩んでいる自分がいます。

このときに、身をもって実感しました。これまで自分が行っていたアドバイスがいかに無意味だったか。企業の魅力を定量化して比較したところで、まったく腹落ちできないのです。

これではますます決断できなくなる。そう思った私は、評価項目を列挙するのをやめ、逆にシンプルな評価軸を立てることにしました。

「選択肢の中で、どの会社、仕事が最もワクワクするか？」

給料や勤務地などの条件にとらわれず、まずは「その仕事にワクワクするか？」。その一点のみで決断しようと思ったのです。

その結果、選んだのが「給料」の項目が低い企業かもしれません。それでいいのです。入社時の給料なんて、実は瞬間的なものです。いくら最初の給料が高くても結局そこでパフォーマンスが上がらなければ、その後の給料の維持は難しいでしょう。もちろんその逆に、最初の給料が低くてもその後の成果いかんで上がっていくこともあります。

結局は、ワクワク感をもって業務に取り組めることが、パフォーマンスを高め、結果としてキャリアにも待遇にもプラスになります。また、入社後の困難も乗り越えられると思うのです。

最もチャレンジングな決断だった「リクルートへの出戻り」

どの選択肢が、自分にとって最もワクワクするか？

たった1つの判断軸で、いくつかのオファーの中から最終的に私が選んだ企業は、同じリクルートグループの「リクルートエグゼクティブエージェント」でした。

「なんだかんだ言って結局、リクルートに戻ってきたんだねー」などと当時は冷やかされました。傍目からはそう見えるかもしれません。しかし、私の中では与えられた選択肢の中でもっともチャレンジングな、ワクワクできる決断をしたと思っています。

それまでリクルートエージェントで人材紹介のキャリアを積み重ねてきましたが、経営者や事業責任者といったエグゼクティブ層を相手とする人材紹介ビジネスは未知数です。「果たして本当にやっていけるのだろうか」という不安と、新しいことに挑戦する「ワクワク感」とが入り混じっている心境でした。

決断する時はもう開き直りました。とにかくやるだけやってみよう。「お前はまったく使い物にならないなー」とクビになったら、またその時に考えよう――「半年の契約社員」のつもりで、2004年4月、私は日本でのキャリアの〝第2章〟を踏み出したのです。

ちなみに、1年間の海外留学を経て、もともとコンサバ寄りだった自分のマインドが、チャレンジ志向へと変化しているのを感じました。リクルートを辞めるときは「お前、終わったな」などと言われましたが、どっこい、今の自分はなんとかなっている。チャレンジしてみてダメでも「やってみた」経験が得られるのであればそれでいいじゃないか――バンクーバーでの経験は、英語力だけでなく、リスクテイクの志向をも自分にもたらしてくれたのです。

さて、そのような経緯でエグゼクティブ層の人材紹介コンサルタントとして一歩を踏みだした私ですが、空振りが続き、案件がまったく成約できません。そして4月、5月、6月とカレンダーは無情にめくられていきます。

このままでは「半年の契約社員」どころか、3か月でクビかも……とハラをくくり始めた頃、ついに大手電子機器メーカーの新規事業責任者の案件を決めることができました。ラッキーにも、初の取引が年収2600万円オファーの大型案件で、3か月間の凡退を取り戻す特大ホームラン！　自分だけでは候補者を口説ききれず、クライアントの会長まで出てきて一緒に口説いてもらっての初成約となりました。

エグゼクティブ人材が教えてくれた「着眼大局・着手小局」

この大型案件を成約した経験が自信となり、そこからは経営者や役員クラスの方々にお会いしても動じなくなり、それにつれて業績はどんどん上がっていきました。

同時に、この仕事を通してたくさんの経営者にお会いでき、毎日毎日「今後の事業戦略」や「経営の苦労話」を聞けるのが本当に楽しかった。それまでは小さなチームのマネージャーしか経験のなかった私に、経営者としての視座やものの考え方が日々インストールされていくのを感じました。ヘンリーのもとでインターンシップをやりながら芽生えてきた「経営」への関心を、より広げていくことができたのです。

ヘンリーの姿を見て感じていた「社長は孤独」の意味もやっとわかり始めました。営業部長にしても、人事執行役員にしても、横を向けば同じ職位の人はいるし、上を向けば上司はいる。ところが、その人たちのパフォーマンスと自らの経営決断を客観的に判断できる人は社長自らしかいないのです。

最初に成約したエグゼクティブ人材の方に教えていただき、今も心に刻んでいる、事業責任者としての心得があります。

「着眼大局・着手小局」

大きな視点から物事を見て、小さなことから実践せよ、という意味です。これまでさまざまな事業を牽引してきたその方は、事業構想を掲げるときはズームアウトして大きなピクチャーを描くのですが、実際の打ち手は驚くほど「小局」で、現場の課題を細部までピックアップし、その課題をカテゴリーごとに分類し、ひとつひとつ改善していきます。しかも、指示だけ出して部下にやらせるのではなく、部下が自ら判断できるレベルまで降りていって、ハンズオンでていねいに手を打っているのです。

経営に関する本を読むのも学びが得られるのですが、このエグゼクティブ層の人材紹介業を通じて、多くの経営者やエグゼクティブ層の方々から生きた経営の実話をお聞きできたことが、後に自身が社長やＣＯＯのポジションを担ったときにも役に立ちました。今でも、何よりの財産になっています。

オーナー社長から突然出された〝最終試験〟

リクルートエグゼクティブエージェント時代の話を、もう一つだけご紹介します。

ある日系企業のオーナー社長から「海外事業立ち上げ責任者」の求人をいただき、それにマッチする海外事業経験の豊富な候補者をお引き合わせする仕事がありました。

そのオーナー社長は、国内市場だけでの今後の成長に限界を感じ、主要取引先も次々とタイや中国に進出することになったため、パートナーとしてその動きに付いていかなければ国内の取引まで失ってしまう状況に置かれていました。社内には海外事業にくわしい人材がおらず、外部から海外事業責任者を招へいしたいとのことでした。

幸いにも東南アジアでの事業や商習慣にくわしいエグゼクティブ候補者が見つかり、推薦。一次面接、二次面接とお互いの相性もよく、トントン拍子に話が進んでいきました。

そして、いよいよオファーを出そうかという最終段階になって、そのオーナー社長から一つのリクエストが入りました。

「立ち上げから3年間の事業計画書を提出してほしい」

まだ採用が確定していない段階で、3年間の事業計画書を作成する——候補者からすればそれなりの労力と時間が必要な〝最終試験〟です。オーナーの立場としては、かなりの投資リスクを伴う海外事業人材に、人としての「相性」だけでは採用を決断する材料に乏しいということなのでしょう。

私はオーナーの意向を汲んで、候補者にていねいに事情を説明した結果、彼は事業計画書を提出することに同意してくれました。もちろんまだ入社前であり、会社の財務状況や、商品・サービスの特性なども完全には把握していない中で、手探りの計画書になってしまうことは双方織り込み済みです。

そして、候補者から期限内に事業計画書が提出され、あとは社長からの最終判断を待つのみとなりました。

2日後、社長から私あてに連絡がありました。

「悪いけど、今回の採用は見送りたい」

理由を尋ねると、「人物的には素晴らしいのだが、計画書をみて正直がっかりした。こちらはハラをくくって投資しようと思っていたが、ご本人からはその意欲が感じられず残念だ」と言うのです。しかし、推薦した私としても、いま一つその背景や真意が見えません。

ようやく理解できた「経営者は孤独」の意味

しかし、私以上に納得ができないのは、当然ながら候補者本人です。

「あんなに時間をかけて作ったのに、たった2日で不採用を決めるとは。本当にちゃんと読み込んでくれたのか？」

「そもそも海外の〝か〟の字も知らないあの社長に何がわかるんだ！」

「初めからアイデアがほしかっただけじゃないのか！」

と、かなり激高されてしまいました。

もう、こうなると修復はほぼ不可能です。エージェントの私から双方に対してお詫びを入れ、それぞれ別の機会を探ることにしました。

もちろん、エージェント側としては事業計画書の中身は見ていませんし、その計画書のどこがオーナー社長の気に入らなかったのかはわかりません。ただ、当時の私は「どちらの言い分にも一理あるな」と思いながらも、やや候補者に同情を寄せていました。当初は話になかった事業計画を突然出せと言いながら、説明を聞く機会も与えず一方的に「不採用」とは、ちょっと乱暴ではないか、と。

しかし、「初めから採用する気はなく、事業計画だけほしかったんじゃないのか」と言えるほど計算高いタイプの社長ではないことは、私も知っていました。ロジックよりは直感で経営を進めるタイプで、そのぶん人を見る目と洞察力はある人だ、との印象を持っていました。今回も、最後に事業計画書を見たことで、「この人は違う！」という社長ならではの直感がはたらいたのでしょう。

いま、自分自身も経営者の立場となって、その時の社長の気持ちが少し理解できる気がします。

地道に面談を重ねてきた最終段階で「不採用」の意向を伝えたら、あんなに気が合っていた候補者からも、尽力してくれたエージェントからも、「一体何なんだ！」と怒られることは百も承知。その、自分しか決断できない「不採用」の意向を伝えるのは相当な勇気と覚悟が要ったことでしょう。

一人のエグゼクティブ採用の成否が会社に与える影響力は大きい。やはり社長自らが、その決断に対してハラをくくらねばなりません。誰にも相談できない孤独な状況で、経営をも左右する決断を下す経営者の心境は、なかなか他者からは理解されにくいものなのだ——経営者の「決断」の難しさを物語るエピソードの一つとして、いまも私の記憶に刻まれています。

心に秘めていた「海外で仕事したい」との思い

2社目となるリクルートエグゼクティブエージェントでは、２００4年から２００9年まで5年間勤め、最終的にはゼネラルマネージャーとして組織の半分を占める「製造業、金融、メディカル、関西チーム」を統括するまでになりました。そのキャリアの大半でとりわけお世話になったのが、同社の社長で、リクルートの先輩でもある松園健さんです。

その松園さんが、「ＪＡＣリクルートメント」に営業本部副本部長としてヘッドハンティングされることになりました。ＪＡＣをご存じない方もいると思いますが、世界13か国に拠点を持つ、グローバル転職では国内最大手のエージェントです。そのＪＡＣに移った松園さんはさまざまな改革を断行して、後に「ＪＡＣジャパン」の社長を務めるまでになります。

その松園さんが社長になる直前に、連絡があって食事をすることになりました。

「かもちゃん。君は留学も経験したし、いずれは海外で仕事したいって言ってたよね？」

私も長年、人材紹介の業界に身を置いているので、すぐに「来たな」と察しました。

「JACには海外勤務のチャンスがけっこうあるよ!」

お世話になった先輩にこうして声をかけていただけるのはうれしいものです。ただ、人というのは大きな不満があるときに動き出せるもの。その当時の私は仕事も順調で特段の不満はなかったので、語学留学を決断したときのように大きく気持ちが揺れ動きませんでした。

それでも「もう今の会社に来て5年になるんだね」「いつまでいるの?」とあまりに誘われるので、ジャブを打たれるうちに徐々に気持ちが揺らいできます。

ちなみにこの頃も、せっかくの語学留学をムダにしないよう、英語の勉強は毎日ルーティーンで続けていました。今思えば、心の片隅に「いずれは海外で仕事したい」との思いを持ち続けていたのかもしれません。

「選択肢の中で、どの会社、仕事が最もワクワクするか?」

私は再び、このシンプルな判断軸にしたがって「今の会社に残る」「JACに転職する」という2つの選択肢を並べてみました。その結果、さんざん悩みましたが、ついに私はリクルートグループ以外の会社に勤める決断、つまりJACに移る決断をしました。

JACグループを統率するオーナー、田崎ひろみ会長の人柄に惹かれたのも、その決断を後押しする大きなファクターとなりました。松園さんに言われて面会した田崎会長は、カリスマ的なオーラとチャーミングさを併せ持った、非常に魅力的な方。いまの会社に残るつもりでいた私の気持ちは、彼女との出会いを機に、一気に傾いていきました（後にこの田崎会長は要所要所で現れ、私の運命を左右するキーパーソンとなるのですが、このときは知るよしもなく……）。

自身にとって、3社目となるＪＡＣ。そこでは、ワクワクどころかハラハラドキドキ……ジェットコースターのような目まぐるしい日々が私を待ちかまえていたのです。

3―2　まるでジェットコースター！　タイ・シンガポール社長奮闘記

あの……、「海外で働ける」約束はどうなりました？

２００９年、44歳となった私は「ＪＡＣリクルートメント」に部長待遇で迎えられました。前職のリクルートエグゼクティブエージェントでは組織の半分を統括するゼネラルマネージャーを務めるまでになりましたし、人材紹介のプロフェッショナルとしての自信と、海外勤務への期待を胸に、新たな環境に飛び込んだのです。

最初は日本の「ＪＡＣジャパン」で2つの部の部長を任されていましたが、気づいたらあっという間に1年が経過しました。入社時の約束だった海外勤務のオファーは、いまだにありません。「あれ？　約束が違うぞ」と不安に思った私は、田崎会長と松園社長に直訴してみました。

「あの……海外で働ける、とのお約束で入社したと思うんですけど、あとどれくらい待てばよいのでしょうか？」

ただ、このときの交渉は私にとって勇気のいるものでした。というのも、ＪＡＣジャパンでの1年間、部長として特に目立った業績を挙げられていなかったからです。前職での上司だった松園さんにせっかく拾ってもらったのに、何もできていない、という負い目がありました。にもかかわらず要望だけ主張するのはカッコいいものではありません。

それでも、第2章でもお話ししたように、語学留学を機に私は「なんとかなるさ」のチャレンジ志向を身につけていました。チャレンジしてダメと言われたら辞めればいい。そうハラをくくって直談判したのです。

「しょうがないわね……。しばらくしたら行かせてあげるわ」

田崎会長は、そう約束してくれました。その要望は思いのほかすぐ叶って、私はシンガポールの現地法人「ＪＡＣシンガポール」に、シニアマネージャーとして赴任することになりました。

初の海外勤務なのに、歓迎ムードゼロ！

「ようやく海外勤務の希望がかなった！　ここから新しいチャレンジが始まるぞ」

初めての海外勤務に胸を高鳴らせながら「ＪＡＣシンガポール」のオフィスに入った私は、その場の空気ですぐに察しました。

オフィスの誰も話しかけてこようとせず、目線すら合わせてくれません。まったく歓迎するムードがないのです。

それもそのはずで、社長以下、組織として何の問題もなく仕事が回っている中で、必要もない「シニアマネージャー」のポストをポンと割り当てられた。しかもオーナー命令だから断ろうにも断れない。現地の人たちにとって面白くないのは当たり前なのです。それは理解できます。でも、それでもここまで歓迎しないものか？　というほどの四面楚歌の扱いを受けました。

その「歓迎されないムード」に追い打ちをかけたのが、せっかく身につけた英語力が通用しないこと。会議で飛び交うのが、いわゆるシンガポール特有の「シングリッシュ」で、まったくと言っていいほど聞き取れないのです。結果、会議にもついていけず、ますます疎外感が大きくなります。

話が少し逸れますが、第2章で、「東南アジアなど『非英語圏』のキレイでない英語に慣れておくと、より対応力の高い英会話スキルが身につく」とお話ししました。

グローバルな共用語である英語の一つの側面として、非ネイティブ圏で英語を使用する国が増えています。東南アジアはその典型で、グローバルで見ると、むしろキレイなネイティブ英語を喋る人のほうが少数になっているのです。したがって、グローバルリーダーとしてキャリアを形成するうえでは、むしろ非ネイティブ圏の英語に慣れておいたほうがベターです。私自身、まさにこのときの苦労で身をもって痛感したのです。

話を戻します。はっきりとしたミッションを与えられず、会議での「シングリッシュ」にもついていけない。半ば飼い殺しに近い状態で、このときは精神的にかなりツラい日々を過ごしました。しかも、自分の意思で「海外で働きたい」と直訴して来ただけに、余計にこたえるのです。話しかけても明らかに無視されることも少なくなく、私は慣れないシンガポールの地で孤立を深めていきました。

「社長よ、社長。なにボケッと聞いてるの？」

それでも、一見うまく回っているように見える組織にも課題はあるものです。JACシンガポールは当時、リクルートやパソナなど競合の日系企業が続々とシンガポールに進出していたこともあり、ここ数年の業績が拡大していないのはわかっていました。

しかし、いまの自分には組織に異を唱えるだけの知識も実績も、信用もない。それでもいつかチャンスが訪れるかもしれないと思いながら、自分にやれることを探したり、話を聞いてくれそうな若い社員に自分の考えを伝えたりしていました。

そんなある日、私あてに１本の電話が入りました。声の主は、あの田崎ひろみ会長です。

「かもちゃん。今あなたがいるその場所は〝終の棲家〟じゃないからね。近々、あなたに新たなミッションをお願いするかもしれないし、しないかもしれない。それだけ頭に入れておいて。じゃあね」

ミッションをお願いするかもしれないし、しないかもしれない――その含みを持たせた言葉に、受話器を置いた私は首をひねるばかり。いったい、今後はどうなるのだろう？

その日からさらに１、２か月の歳月が過ぎたある日、その田崎会長がたまたま出張でシンガポールに来ており、あるホテルでのレセプションで直接会う機会がありました。

「タンカを切ったにもかかわらず、ＪＡＣシンガポールでも何もできていないから、また怒られるんだろうな……」

そう覚悟していたところ、田崎会長から思いもかけない〝辞令〟を頂きました。

「かもちゃん。あなたね、次は『ＪＡＣタイランド』の社長をやりなさい」

「え？　社長？」

「うん、社長よ、社長。なにボケッと聞いてるの？　背筋伸ばしなさいよ！」

事情を聞くと、タイの現地法人「ＪＡＣタイランド」の社長が突然退職することになり、その後任として私に白羽の矢が立った、ということです。シンガポールで歓迎もされず、当然業績も上げられずにいたので、「社長」という肩書を自分が背負うことになるとは……これぞ「青天の霹靂」！

バンクーバーでのインターンではヘンリーの孤独な姿を目の当たりにし、リクルートエグゼクティブエージェントでは日々経営者の相談や悩みに耳を傾けていた「社長」のポジション。それまでは「社長って大変だなぁ」などと他人事のように眺めていましたが、自分がその当事者になるのが、にわかに信じられません。オレが、社長……？

しかし、田崎会長の一言で目が覚めます。

「あなた、松園君が見込んでいたからウチに来てもらったけど、日本でもシンガポールでもぜんぜんパッとしないわよね。そんなあなたに社長をやらせる私の気持ち、わかる？　とにかくここからは私の言うことを聞いて懸命にやりなさいよ」

「は、ハイっ！」

ここでも、私はハラをくくりました。現状、飼い殺し状態なわけですからこれ以上失うものはない。こうして私は一転、シンガポールからタイへと向かうことになったのです。

体制を整え、タイで経営改革に乗り出す

その日、帰宅した私は、さっそく妻にそのことを報告しました。

「会長から、『タイで社長やりなさい』って言われたんだよね……」

「へぇ～、ＪＡＣも人材不足なのね」

妻のブラックジョークですが、あながち間違いではなかったと思います。他に候補者が潤沢にいたかというとそうではなく、単に「勤務地に対して柔軟性があり、オファーを断らない人材」ということで私が選ばれただけでしょう。

事実、あとでＪＡＣのアジア統括ＣＯＯを務めたときにも思いましたが、海外でのマネジメント人材、すなわち「グローバルリーダー」は本当に少ないのです。グローバルリーダーがレア人材だと、ここまでもたびたびお話ししていますが、当時の結果を残していない私がタイの社長にアサインされたという事実でもおわかりいただけるのではないでしょうか。

さて、そのＪＡＣタイランドは前任の社長が立ち上げた現地法人で、タイ国内では順調に成長はしていました。しかし、田崎会長はもっとマーケットを開拓できる余地はあるとにらんでいました。

たとえば、タイにはイギリスの商工会議所があるのですが、そこに出入りできるのは欧米のエージェントのみ。だから欧米の人材を確保してそのイギリス商工会議所の求人を開拓せ

よ、というのが、まず私に課せられたミッションでした。そこで、ドイツ人のトーマスという人材紹介の経験者を採用し、外資系企業開拓チームのトップに据えました。

一方で、社長である私のもとで考えを理解し、常に動いてくれる人材も必要と考えました。目を付けたのが、当時日系の人材紹介会社に勤めていた山下勝弘さん。彼がタイに観光で来ていたタイミングで、まったく面識がなかったにもかかわらず口説き、ジョインしてくれることになりました。

こうして、外資系企業チームはトーマス、日系企業チームは私と山下さんの2人がそれぞれ責任者となり、経営改革を進める体制が整いました。毎日のように彼らとミーティングをしながら課題を拾い出しては打ち手を考え、タイ人のマネージャーに伝えて実行してもらう。それを繰り返す日々が続きました。

業績は右肩上がり、人員は2年で2倍以上に！

もう一つ、当時の業務改革として行ったのが、業務フローの刷新です。

人材紹介の求人は、大きく分けると金融、製造業、ITなど「業界」のカテゴリーと、営業、経理、人事など「職種」のカテゴリーがあります。日本の人材紹介会社の場合、たとえば「製造業の営業」など「業界×職種」で求人を振り分けるフローが確立しているのですが、

ＪＡＣタイランドは組織が小さいこともあって「日系企業」「外資系企業」という大きな分類はあっても、その先は「製造業チーム」と「営業チーム」など、レイヤーの異なるあいまいな分け方になっていたのです。

したがって、「製造業の営業」の求人を受注した場合、「製造業チーム」と「営業チーム」とで、どちらが受けるか話し合う、といった非効率な状況が生じていました。そんなことを話し合っている間に競合はどんどん人材を紹介しているわけで、これでは勝てるはずがありません。

山下さんと一緒に、「どの求人に対してどのチームが対応するか」の業務フローを一から作り変えました。彼は当時あまり英語が得意ではありませんでしたが、それでもタイ人のマネージャーやスタッフと、お互い第二言語である英語を駆使して懸命にコミュニケーションをとりながら、新たな業務フローを説明してくれました。他にも、彼とは毎晩のように業務が終わったら反省会をして、いろいろ考えながらあらゆる打ち手を考え、アクションに落とし込んでいきました。

これまでのやり方に慣れているスタッフの中には、新しい仕事の進め方にとまどい、抵抗する人も少なからずいました。しかし、結局はこちらが指示した打ち手が当たり始めると、売上となって跳ね返ってくるのです。

それがわかると「ボスの言っていることは正しいな」と社員も腹落ちして積極的に動くようになり、業績は右肩上がりで伸びていきました。業績とともに組織も拡大し、私が社長に着任した２０１１年４月には35人ほどだったのが、２年後には80人にまでなりました。

毎年１回ポルトガルで開催される、ＪＡＣグループ各国の役員が集結するグローバルサミットでも、私が登壇し、ＪＡＣタイランドでの取り組みと業績の変化をスピーチしました。グループ全体におけるＪＡＣタイランドの注目度も大きく高まり、それがスタッフの自己肯定感の向上にもつながる。小さな組織に好循環が生まれていきました。

そのサミットの会場で、オーナーの田崎会長に呼び止められました。

「かもちゃん。あなた、あまり期待してなかったけど、なかなかやるわね」

ちょっとトゲのあるほめ言葉と、久々に見るチャーミングな笑顔！　これまでのシンガポールでのツラい思いが一気に報われた――そんな瞬間でした。

冷遇を受けたシンガポールに「社長」で帰還！

ＪＡＣタイランドが業績を大きく上昇させている一方で、２年前まで籍を置いていたＪＡＣシンガポールは少しずつ業績を落としていました。私も当時から課題を感じていましたが、続々と参入した日系企業に、徐々にシェアを奪われていたのです。

タイに来て2年半が経ったある日。私は再び田崎会長から新たな「辞令」を受けました。
「かもちゃん。あなたがタイでやったことを、今度はシンガポールや他の国でもやりなさい」
私に告げられたのは、JACシンガポールの社長と、兼務でアジア統括のCOOでした。JACタイランドで成功した改革手法を、シンガポールをはじめアジア全体で横展開することが、私に課せられた新たなミッションです。

2年半前、歓迎されず結果も出せなかったJACシンガポールに、今度は社長となって戻れというのです。人生、本当に何が起こるかわかりません。

しかし、横展開とは言うほど簡単なことではありません。同じ東南アジアでもタイとシンガポールではビジネス環境が違いすぎるほど違います。タイの場合はメインのクライアントが日系企業なので、そこを深掘りすれば売上は上げやすい。加えて、トーマスが中心となって開拓した外資系企業は新規の市場なので、受注した分、そのままプラスアルファで売上に上乗せできました。

対して、シンガポールはマーケット自体が小さい上に多国籍国家で、主要な企業は欧米のグローバル企業。日系企業のJACはパイの小さい現地の日系企業ばかりを相手にしていて、欧米企業の開拓ができていない状況がありました。

タイと同じように市場を分析し、あらゆる打ち手を講じてみるものの、そもそもマーケットの規模も特性も異なるのですぐに成果は表れません。それどころか、ますます右肩下がり。経営用語では「死の谷」などと表現されますが、改革を断行する初期に訪れる、業績が一時的に下降する現象がまさに起こったのです。

このように業績が目に見えて落ちると、もともと私に対して快く思っていない古株の社員は「タイで成功したからと言って、シンガポールに来て余計なことをしやがって」とますますアンチになっていき、中には会社を去っていく社員も出てきました。退職してマンパワーが落ちると、さらに業績も落ちていく——「死の谷」の底が見えない恐怖を、この時期は味わいました。

ピンチのたびに「人」に救われる

「こんなに業績を悪くして……あなた、いったい何をやってるのよ。ちゃんとやりなさいよ！」

案の定、田崎会長にはこう叱られる始末。改革はしろ。でも足元のマイナスは少しも許されない。そんなムチャな……とは、とても本人の前では言えないのがサラリーマンの性です。

このピンチを救ってくれたのは、やはり志を共にして動いてくれる優秀な社員でした。

特に、人事担当としてＪＡＣシンガポールに採用した左近充桃子さんが大活躍してくれました。

その頃、私はいろいろと営業戦略を練っていたのですが、現場のスタッフ一人ひとりがそれを自分ごととしてとらえ、腹落ちして取り組まないことには、結局は「絵に描いた餅」になってしまいます。業務とは結局は感情を持った「人」が行う以上、経営方針や営業戦略と、現場のスタッフとの思いをつなぐ存在が必要だと考えていました。そこで、私は左近充さんを呼んで次のように伝えました。

「あなたを人事の担当として採用したけど、これはただの人事じゃないよ。会社はいま改革の途上にある。君には社員一人ひとりの思いを汲みながら、新しい営業戦略やミッションを組織に浸透させていってほしい。そして、組織の文化を変えてほしい。僕が考える人事とは、すなわち『経営企画』の一員でもあるんだ」

その言葉を聞いて意気に感じてくれたのか、彼女は毎日のように社員とランチをしながら一人ひとりの声を拾い上げ、私に伝えてくれました。そのことで社長である私の考えと、現場の社員の考えとのギャップが可視化され、徐々に埋まっていったのです。

また、私が「こういうことを実現したいんだよね……」とポロっとつぶやいたことも何でも覚えていてくれて、「かもさん、この間おっしゃっていたアイデアを実現するにはこの人をアサインしたほうがいいですよ」と教えてくれました。まさに、経営と人事が歯車のように回り出し、私の描いた営業戦略のアイデアが次々とアクションに移されるようになったのです。

その努力を、数字は裏切りません。1年目はボロボロで「死の谷」に突き進んでいたのが、2年目から徐々に業績が上がり始めました。左近充さんが社員一人ひとりとていねいにコミュニケーションを図ってくれたこともあり、既存の社員と新しい社員との融和が生まれ、旧態依然とした組織にありがちな「昔はよかったのに……」と悪態をつくような人間はいつのまにかいなくなっていました。左近充さんをはじめ、社員の総力が結集され、V字回復を果たすことができたのです。タイではトーマスと山下さん、シンガポールでは左近充さん……、優秀で熱意のある人と出会い、ピンチのたびに助けてもらった私は、つくづくラッキーな男です！

3-3　典型的なサラリーマンから会社オーナーへの「大逆転人生」

「有言実行」でJACを離れる決断をする

「1年後の2015年末をもって、JACを辞めようと思います」

ＪＡＣシンガポールの社長に着任し、１年が経っても業績が上がらない苦しい時期にたまたま田崎会長と話をする機会があり、私はこう告げました。

そのときの彼女は「そんなこと言わずに頑張りなさいよ」と励ましてくれましたが、あまり本気にしていなかったのかもしれません。「頭に入れておくから」との返事でした。

しかし、そのときの自分は決して冗談ではなく、退路を断って死に物狂いでＪＡＣシンガポールの経営改革に臨もうとハラをくくっていました。その結果、前述した左近充さんなどにも助けられ、業績を回復することができたのです。

その半年後、また田崎会長と話をする機会がありました。

「会長、半年前に『辞める』って言ったの覚えてますか？」

「ええ。でも、もう辞めなくていいわよね？」

「いえ、業績が上がったから辞めるのをやめます、ではなく、本当に辞めます」

そのときの彼女は本当に驚いていました。「やっぱりあんたは〝あかんたれ〟やねぇ」と、最後は愛のある説教をいただき、辞意を認めてもらいました。

田崎会長とは今も時折連絡を取り合う仲ですが、ほとんどドメスティック畑を歩んできた私にチャンスを与え、グローバルリーダーとして大きく成長させてくれたことには、どれだけ感謝してもしきれません。そのきっかけを与えてくれた松園さんにも感謝です。

しかし、辞めることは決めていたものの、次のキャリアを決めていたわけではありません。ただ、自分の中ではこのＪＡＣでの6年間で、タイ、シンガポールなど東南アジアでのマネジメント経験という、グローバルリーダーとして大きな経験値を得たという自負がありました。

「一度、この時点での自分の市場価値を評価してもらおう」

そんな気持ちが芽生え、エグゼクティブの転職エージェントに登録して、どういうオファーが来るのかを試してみました。

塗りつぶされていなかった「起業」のチェック欄

すると、ほどなくしていくつかの企業から魅力的なオファーを頂くことができました。やはりＪＡＣという業界では知られた企業で現地法人の社長やアジア統括のＣＯＯまで務めた経歴が興味がられたのでしょう。

それぞれの企業のオーナーとも面談する中で、最終的に4社が私に興味を持ってくれました。どれも、自分にとっては非常にやりがいのあるポストです。

このときも、また原点に立ち返って「自分がいちばんワクワクする生き方は何だろう？」というシンプルな評価軸に沿って考えてみました。その結果、一つの答えが導き出されました。

「残りの人生、まだやったことないことを一つずつ塗りつぶしていこう」

振り返ってみると、37歳でバンクーバー留学したのも、帰国後にエグゼクティブ層の人材紹介会社を選んだのも、「海外で働いてみたい」とJACに転職したのも、「人生でやったことのないことにチャレンジしたい」との思いが一貫したモチベーションとしてありました。同時に、それが自分にとっての「ワクワクする生き方」だったのだ、ということに気づいたのです。

その軸に従って、「人生でやったことのないことリスト」のチェック欄を一つずつ塗りつぶしてきた結果、どこにでもいるドメスティック会社員にすぎなかった私が、今グローバルリーダーの一人として、50歳を過ぎても数社からオファーされるまでキャリアを高めることができた。そうであれば、残りの人生も、やったことのないことにチャレンジしよう。そんな心の声が聞こえたのです。

そのとき、これまでまったく考えてもみなかった発想が浮かんできました。

「ひょっとしたら、『雇われない生き方』もあるんじゃないか……？」

30年近くサラリーマン一筋だった自分にとって「やったことのないこと」とは「雇われないこと」。ここで初めて、まだ塗りつぶされていないチェック欄の存在に気づきました。

それが「起業」だったのです。

シンガポール、タイで次々に会社を設立

「雇われない生き方として、自分で会社を創って、業務委託として仕事を受ける形はどうだろう?」

そのことを、お声がけをいただいた4社に思い切って提案してみることにしました。そうすれば「4分の1」の選択でなく、4社それぞれの仕事に責任をもって携わることもできます。

いざ話をしてみると、4社のうち2社は「役員としての雇用(入社)でないとダメです」との返事でしたが、残る2社は「業務委託でもかまいません」と返事してくれました。その一つが、リクルートエグゼクティブエージェント時代に私と一緒にゼネラルマネージャーを務めていた井上和幸さんが率いる、エグゼクティブサーチの企業「経営者JP」。もう一つが英語をはじめとする外国語を習得する専門学校「日本外国語専門学校」でした。私のわがままな提案を受け入れてくれた2社には本当に感謝しています。

その2社からの業務委託契約の受け皿として、2016年、シンガポールに「アジアン・リーダーズ・キャリア」という会社を設立しました。そして私は、小さい会社(実態として

は個人事業主に近いですが）のオーナーになりました。自分の「やったことのないリスト」の「起業」のチェック欄が塗りつぶされた瞬間でした。

翌２０１７年には、タイに2社目となる「アジアン・リーダーズ・キャリア・タイランド」を設立。現地での人材紹介や人材開発、ＨＲ全般に関するコンサルティング会社です。

ここは初めから、私の代わりに経営を担う人材を置こうと決め、ＪＡＣシンガポール時代の部下で、別の会社にいた中川淳一郎さんをスカウトして、社長になってもらいました。その中川さんのもと、現地のタイ人スタッフが4人。私は完全にオーナーに徹する体制をとりました。

というのも、これまでリクルート時代から数多くの起業家と会ってきましたが、自分が覚悟を持って設立した会社ということもあり、いつまでもオーナーが経営の現場から抜けられない姿を少なからず見てきました。顧客や売上もその人に付いてしまって、どうしても仕事の進め方が属人的になってしまいます。それだけは避けたいとの思いがあり、まだ売上が立っていない段階でも先行投資と思って始めから自分以外の人に社長を担ってもらおうと考えたのです。このことは、会社オーナーからＦＩＲＥを目指すうえで重要なポイントの一つなので、第6章であらためてお話しします。

「小型M&A」で3社めのオーナーに

「アジアン・リーダーズ・キャリア・タイランド」を経営する中で出合ったのが、「ビー・コンサルタント」という会社でした。タイで起業したい日本人のために、会社登記からビザの申請、会計などの独立支援コンサルティングを提供する会社です。実は、私がタイで会社を設立する際も、この会社にサポートをしていただきました。

そのビー・コンサルタントのオーナー社長とカフェでお茶を飲んでいたとき、彼女に「翌年に主人の仕事の都合でタイを離れなければならないんです」と打ち明けられました。「会社はどうするんですか？」と聞くと、閉じるか、売却するか悩んでいると言うのです。

いいサービスであることは利用者としても実感していたし、聞いてみると一定の利益もしっかり出しているので、「閉じるという選択肢はないだろう」と思い、私が買収する形で引き継ぐことにしました。買収額は150万バーツ、当時のレートで約500万円。彼女には業務の引継ぎで1年間携わってもらったので、その手数料も含めると600万円強で、社員8人ほどの黒字会社を譲り受けました。会社オーナーとしては3社目、初めてのM&Aのケースです（小型M&Aについては第6章であらためてご紹介します）。

そして、ここでも私に代わる、信頼できる人材をスカウトし、社長として採用しました。人材を紹介してくれたのが自社の「アジアン・リーダーズ・キャリア・タイランド」。結果的に私がオーナーの会社どうしで人材のマッチングが成約する形になりました。

「ワクワクする生き方」の決断軸からブレなかったから、今がある

第2章から長々とお話ししてきましたが、これが、長崎の「超絶ド田舎」で育った私が、巡りめぐってタイ・シンガポールで3社のオーナーになるまでの物語です。序章でも「すごろくのような人生」と例えましたが、あらためて振り返ると本当にサイコロの目にしたがってここまで来たような気がしなくもありません。

ただ、一見して何の計画もビジョンもなさそうな私のキャリアですが、「ワクワクする生き方」、つまり「人生でやったことのないことにチャレンジする」という一つの決断の軸に沿って、主体的にキャリアを選択してきたことだけは胸を張って言えます。その結果、どこにでもいる国内営業一筋のサラリーマンだった私が、海外で英語を駆使しながら社長やアジア統括COOといったリーダー経験を積み、3社のオーナーにまでなったのです。こんなゴールは20年前、アウトプレースメントの部署で中高年社員の「グチのシャワー」を浴びていた私には想像もつかなかったことです。そのグローバルリーダーへの扉を開いてくれたのが、あの「イーオン溝の口校」と、その後の37歳でのバンクーバー語学留学だったのです。

そんな私のキャリアをあらためて整理してみると、序章でも触れたように、次のような3

フェーズ	身につけるスキル・経験	所属・アクション
<フェーズ1> 雇われ期(国内)	■ビジネスパーソンとしての土台となるスキルを身につける時期 ■どこの会社でも通用する「雇われるチカラ(Employability)」、特に「リーダー」としての経験を身につける ■同時に、英語のスキルも学習する	■リクルート入社 ■リクルートエージェントで国内営業 ■バンクーバーでの語学留学 ■リクルートエグゼクティブエージェントでの幹部経験
<フェーズ2> 雇われ期(海外)	■海外企業に転職し、ビジネスの現場で生きた英語を使いながら、海外のスタッフとともに仕事をする経験を培う	■JACリクルートメント(タイ、シンガポールでの社長、アジア統括COO)
<フェーズ3> 起業(海外)	■「グローバル」と「リーダー」双方のスキルを高めたうえで、満を持して海外で起業する	■アジアン・リーダーズ・キャリア設立(シンガポール、タイ)
<フェーズ4> 会社オーナー(海外)	■経営が軌道に乗ってきたら、信頼のおけるスタッフに経営を任せ、オーナーに徹する	■現地で社長となる人材のスカウト ■ビー・コンサルタント買収(小型M&A)

つのフェーズに沿ってスキルや経験を培ってきたように思います。

ＦＩＲＥを目指すうえでも、大事なのは「雇われ期」に基礎的なスキル・経験を積み重ねながら自身の「グローバルリーダー」としての市場価値を高めることです。その「雇われるチカラ」がすなわち「起業するチカラ」となり、遠回りのようにみえて結果的に会社オーナーへの最短ルートとなります。

次章からは「実践編」として、この私の経験をもとに「グローバルリーダー」としてのキャリア形成から、海外での起業、オーナーになるまでのポイントを、順次お話ししていきます。

第4章

「グローバル×リーダー」でレア人材を目指そう！

4－1　5分の1×5分の1で「4パーセント」のレア人材になれる

中盤以降のキャリア形成に必要なのは「リ・クリエーション（再創造）」

突然ですが、読者の皆さんにクイズをお出しします。

図表4－1をご覧ください。線と点線の2本の折れ線グラフがあります。それぞれ、何のグラフでしょうか？

講演などでこのグラフを見せると「わかった！　線のグラフは蒲原さんの体重の増減でしょ？」などと言われることも……いやいや、確かに体重は右肩上がりだけど、さすがに途中でゼロになることはないですよね？

ここまで第2章、第3章と、私のキャリアの変遷をお話ししてきました。それを表したのが線のグラフ。一方、点線のグラフは「もし語学留学をせず、会社にとどまっていたら？」と仮定した場合にたどっていたであろうキャリアの変遷です。横軸は年齢、縦軸は年収を示しています（30歳の時点の年収を「10」としています）。

私の場合、37歳で語学留学し、一時的に収入はゼロになりました。しかし、語学留学を経て1年後にリクルートエグゼクティブエージェントに転職し、最終的には会社のナンバー2であるゼネラルマネージャーを務めるまでになりました。

図表４－１　何のグラフでしょうか？

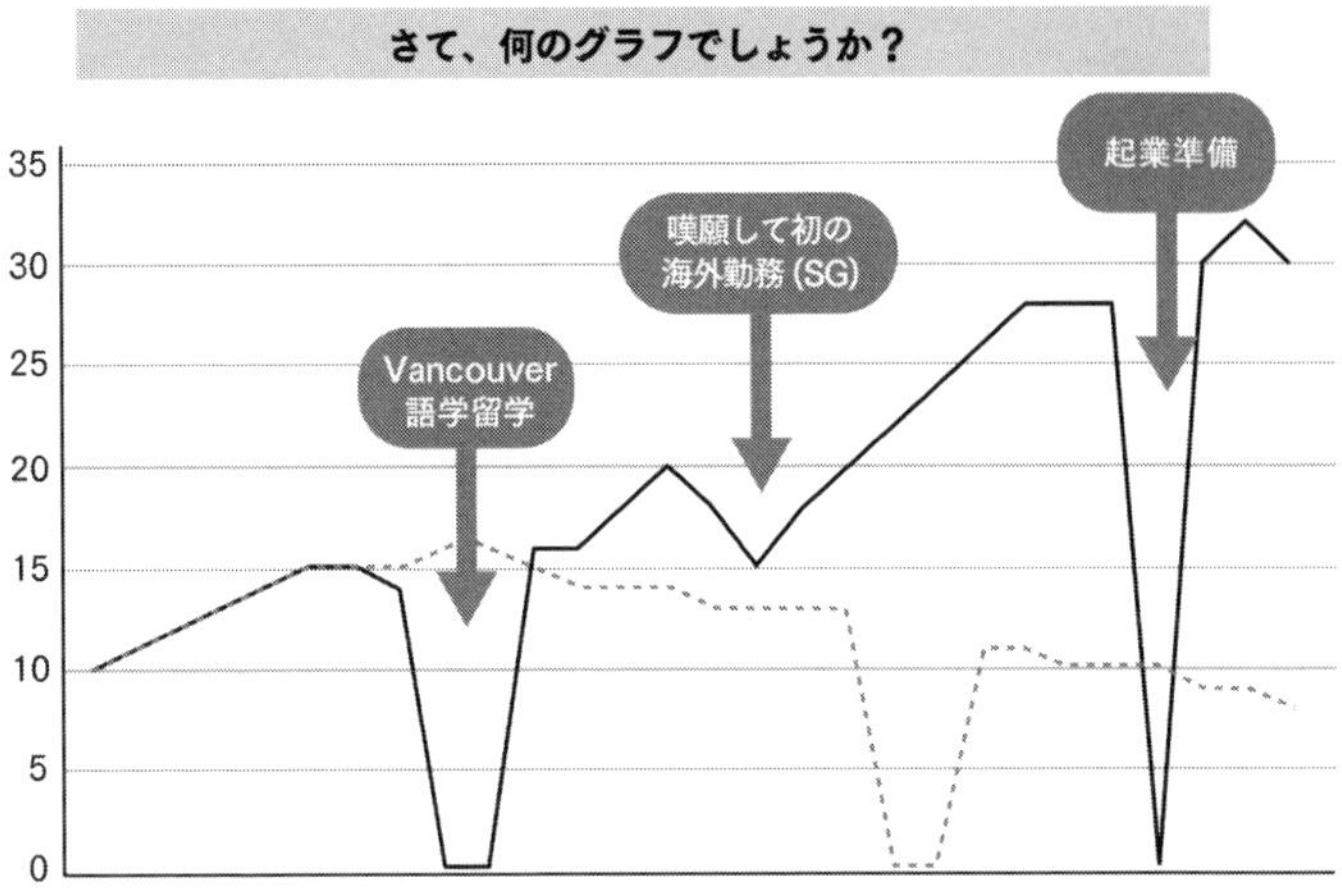

その後ＪＡＣリクルートメントに転職し、嘆願して初の海外勤務を経験。現地採用になると給料もその国の通貨に合わせるので、日本円に比べて年収はガクッと下がりました。しかし、さまざまな苦労を乗り越え、タイ、シンガポールの現地法人の社長やアジア統括のＣＯＯを務めるまでになり、比例して年収もアップしました。

さらに、ＪＡＣを辞めて起業準備に入ると、ここでも当然収入はゼロになります（むしろ、起業準備の費用が何かとかかりマイナスとなります）。しかし、その後は3社のオーナーとなって、起業前より多くの収入を配当として得られるようになりました。短期的には収入がゼロになるポイントはありますが、長期的には新たな経験を積むたびに、収入を上げることができたのです。

対して、もし一つの会社にとどまっていたらどうなっていたか……？　リクルートという会社はもともと長居する人が少なく、45歳以降になると役員を除いて明らかにポジションがなくなってきます。パフォーマンスが上がらなければ、当然年収も頭打ちになり、むしろ下がっていくでしょう。

そのことに気づき、45歳を過ぎて慌てて転職を考えても、リクルートほどの給料を保障してくれるところはありません。あくまでも「収入」という尺度でみると転職は失敗し、年収はもっと下がっていくでしょう。

ここでお伝えしたいのは、キャリアというものは、その時点の「短期的な損得」だけで判断するとかえってリスクがあるということです。時には自己投資して新しいスキルや経験を積みに行かなければ、自身の市場価値は高まらず、むしろ年齢とともに下がっていきます。当然、収入の上昇も見込めません。

20代から30代前半までのキャリアの前半では、いま所属している会社でビジネスの基礎筋肉をつけるフェーズ。そして30代半ばからの中盤以降は、未来を見すえ、自身が主体性をもって自己投資し、「リ・クリエーション（再創造）」していく必要があるのです。

「雇用されるチカラ」＝「起業するチカラ」？

自己投資して新しいスキルを身につけたり、より高度なマネジメントを経験するなどして自身の市場価値をアップデートするのは、第1章でもお話しした「雇用されるチカラ(Employability)」を維持し続けるためにも必須です。

そして、将来に起業・会社オーナーを見すえたとき、その「雇用されるチカラ」は、実は「起業するチカラ」にもつながります。

「雇用されるチカラ」と「起業するチカラ」。一見して真逆に見えますが、どういうことでしょうか？

「雇用されるチカラ」があり、転職市場でオファーを受け続けられるということは、「他の誰かではなく、あなたに仕事を任せたい」ということ。言い換えると、「他の誰かではなく、あなたに仕事を発注したい」ということです。労働力を市場から調達する企業側としては、その人材に「余人をもって代えがたい」と思わせるだけの市場価値があれば、直接雇用でも業務委託でもかまわないということです。

このことを、私はＪＡＣリクルートメントを退職してからオファーを受けた4つの会社に「業務委託」として働くことを提案し、2つの会社から承諾をいただいた経験から実感しています。だから、「雇用されるチカラ」を高めることは、同時に将来に向けて「起業するチカラ」を高めることにつながるのです。

今日では、個人の働き方も多様化し、一人の人材がさまざまな企業や組織とマルチな接点を持ち、価値を提供する働き方も生まれています。欧米では「スラッシュワーカー」と呼ばれますが、1つの会社、1つの職業だけでなく、複数の職業を持ちながらそれぞれの会社に貢献するというスタイルはこれからもどんどん増えていくでしょう。

そのスラッシュワーカーのような働き方に、業務委託の雇用スタイルはマッチしています。私がCOOを務めていた「ワンコイングリッシュ」でも業務開発、人事、プロジェクトマネジメントなどそれぞれにおいてスペシャリティを持つ人材を、直接雇用ではなく業務委託で獲得しています。私もその一人でした。

このスラッシュワーカーのようなスタイルは、本書でもたびたびお話ししている「主体的に生き方を選択する」キャリア観とも高い親和性があります。その意味でも、「他の誰かではなく、あなたに仕事を任せたい！」と言わしめる「雇用されるチカラ」を、自己投資しながら高めておくことが重要なのです。

「余人をもって代えがたい指数」を高めよう！

この「雇用されるチカラ」、すなわち「他の誰かではなく、あなたに仕事を任せたい！」と言わしめるチカラについて、もう少し掘り下げてみましょう。

ＪＡＣタイランドで社長を務めていたとき、ローカルスタッフのＡさんとＢさんがいました。２人は半期の売上げがまったく同じだったのですが、人事考課の結果、ボーナスはＡさんのほうに多く支給されました。それをたまたまＢさんが知ってしまい、私に理由を問いただしてきました。

「業績は同じなのにＡさんと金額に差がついている。アンフェア！　チャイマイカー？（不平等じゃない？）」

人事考課はもちろん業績だけが評価項目ではないので、差がつく理由はいろいろあります。特に、定量的な項目だけでなく、中には数字には置き換えられない項目が存在します。それこそが、その人材への「余人を持って代えがたい」スキルや仕事内容に対する評価ということになります。

このケースでは、ＡさんとＢさんの売上が同じ１００であったとしても、その売上のつくり方に次の違いがありました。

・Ａさんは、１００のうち80の売上を、日本語を駆使してつくった。
・Ｂさんは、１００の売上のすべてを、ローカル言語だけでつくった。

Ａさんは「日本語能力」という市場価値の高いスキルを活かし、「余人をもって代えがたい」職務を遂行していた、と会社は評価したのです。その「日本語能力」のスキルの保持者は市場では代わりが簡単に見つからない人材であり、その人（Aさん）に辞められたら困るのです。つまり、「余人をもって代えがたい指数」が、Bさんより高かったということです。

語学力だけでなく、「金融業界のコンサルティング」のような専門知識や、「その国独自の規制やレギュレーションの変更など熟知している」といったニッチな領域まで、会社が評価する「余人をもって代えがたい指数」は、会社によってさまざまあります。

また、スキルや知識だけでなく「その人がいることで社内のコミュニケーションがスムーズになっている」「社員の相談に親身に乗ってあげている」「経営の気づかない現場の声などを進言してくれる」など、EQの観点からも「余人をもって代えがたい」と評価される人材も存在します。こういった人材もまた、彼（彼女）に辞められてもそうそう代わりのきかない仕事をしている、ということです（第3章で登場した左近充さんがその一例です）。

これらのファクターが、人事考課の際に、数字に現れない「余人を持って代えがたい指数」として加点されているのです。

特に若い読者の方は、ぜひ自分なりの「余人をもって代えがたい」スキルを身につけて、「君がいなくては事業が回らん！」と経営者に言わしめる存在になってください。それが、長期的には起業、そして会社オーナーへと自らを導きます。

「グローバル」×「リーダー」で誰でもレア人材になれる！

この「余人をもって代えがたい指数」、つまり「雇用されるチカラ」を高めるには、どのようなアプローチがあるでしょうか？

国税庁の「令和3年分民間給与統計調査」によると、年収1000万円以上の給与所得者の割合は全体の約4パーセント。すべての給与所得者の約25人に1人という割合の、かなりの「レア人材」です。

一つの会社の中で「25人に1人」の存在を目指すのは大変なことです。トップ営業マンになって出世街道をひた走り、他の24人に打ち勝つしかありません。

でも、「5人に1人」を目指すことは、それほど大きなハードルではありません。「財務諸表が読める」「物流の知識に強い」など、ニッチな領域でも「5人に1人」のスキルを身につけることはできそうです。

第1章でもお話ししたように、この「5人に1人」のスキルを2つ持つことで、「5分の1×5分の1＝25分の1」の「レア人材」になることができます。このアプローチなら、誰でも「雇用されるチカラ」を高めることができます。

「5分の1×5分の1」の組み合わせはさまざまですが、本書において私がおススメするのが「グローバル」と「リーダー」の組み合わせです。

海外に身を置き、英語を駆使しながら海外のスタッフとともに仕事ができる「グローバル」。チームを引っ張り、事業を成功へと導く「リーダー」。

この2つの組み合わせは、どの業界においても市場価値が高く、40代、50代になっても多くのオファーをもらえる、希少価値の高いスキルです。

この後お話ししますが、今日の若手社会人の間では、リーダー志向が高くない傾向があるようです。そして、海外志向も減っていると聞きます。

誰もやりたがらない、行きたがらない。だからこそ、「グローバル」と「リーダー」のキャリアはますます希少価値が高まります。この双方で地道にスキルとキャリアを積み重ねることができれば、労働市場の中でずっと存在感を発揮できる「レア人材」になることができるのです。

「グローバル」と「リーダー」に共通する「サバイバル力」

複数の会社や組織カルチャーのもとでリーダー経験を積み、多くの事業に貢献してきた人材は、リーダーとしての市場価値が高く、年齢を重ねても「ほしい！」とオファーを受けられる人材です。

特に、海外の特殊な環境で、日本人以外のスタッフをマネジメントしながら成果を上げた経験を持つグローバルリーダーは、市場で見つけるのが困難なほど足りていません。「5分の1」のリーダースキルに「5分の1」のグローバルのスキルを実装し、「25分の1」のレア人材を目指しましょう。

私の場合は、先に国内事業で「リーダー（マネジメント職）」を経験し、その後海外に出て「グローバル」経験を積みました。人によっては、逆にまず海外（グローバル環境）で就労経験を積み、そのままそこでリーダーとなり、マネジメントのキャリアを積む人も大勢みています。順番はどちらが先でもよいでしょう。

ところで、この「グローバル」と「リーダー」の2つのスキルには、ある共通点がありまず。それは、一言でいうと「サバイバル力」です。

「リーダー」に必要とされるスキルを、私は次のように分解して考えています。

● 課題発見能力
● 戦略策定能力
● 問題解決能力
● サバイバル力

ビジネスとは、そもそもいろいろな制約や競合環境など、自社に不利な条件が課せられているものです。いま、目の前にある状況を、他責や環境のせいにしても、誰かが解決してくれるわけではありません。リーダーは常に当事者意識をもって、自分ごととしてビジネスを何とかカタチにしていかなければなりません。それを、私は「サバイバル力」と呼んでいます。

一方、「グローバル」に必要とされるスキルは次のように分解されます。

- 英語力
- 異文化対応力
- 迅速なる決断力
- サバイバル力

特に、私がキャリアの大半を過ごした東南アジアでは、日本の大企業にはあって当然だったヒト・モノ・カネがなく不便を強いられたり、日本の商習慣との違いからイラッときたり戸惑ったりするのが「デフォルト」です。ここで環境のせい、人のせいにしても、ビジネスは前進しません。自分ごととしてハラをくくり、置かれた環境、与えられたリソースの中で何とか適応していくしかないのです。これもまさしく「サバイバル力」です。

そう考えると、「リーダー」と「グローバル」に求められるスキルには、「サバイバル力」という共通項があり、実はけっこう似ているのです。つまり、ビジネスの一歩先を見越しながら、たとえ思いどおりにならないことが起きてもその状況を受け入れ、何とかまとめていく力、と言い換えられます。

この「サバイバル力」こそが、グローバルリーダーが高い市場価値を持つゆえん、と言っても過言ではありません。

私はエグゼクティブコンサルタント時代、多くの海外事業責任者の転職をサポートしてきました。海外のタフなビジネス環境でハラをくくって事業をけん引してきた人は、数々の修羅場をくぐり抜けてきた〝武勇伝〟を一つや二つ持っているものです。「いや〜、あの時はまいったよ〜！」と笑いながら、どこか楽しそうに話してくれます。

これこそ、高度な「サバイバル力」の表れです。すべての現象を自分ごととしてとらえ、ハラをくくっているからこそ、彼らはグローバル環境の中で成果を挙げてきたのです。

グローバルリーダーを志す皆さんにも、タフな環境でさまざまな苦労を乗り越えて成果を出す、この「サバイバル力」をぜひ身につけてほしいと思います。

4-2 キャリアの前半ではビジネスの「基礎筋肉」を身につけよう

グローバルリーダーへの道に「近道」はない

ここからは「グローバルリーダー」になるためのステップと、身につけるべきスキルや経験についてお話しします。

「新卒ではどんな業界、職種を選べば、グローバルリーダーになるのに有利ですか？」

大学生や専門学校生を対象に講演をさせていただくと、必ずといってよいほどこのような質問を受けます。

結論から言うと、グローバルリーダーになるのにショートカットの道は、基本的にありません。

20代から30代の半ば頃までのキャリアの前半は、ビジネスの「基礎筋肉」をつける期間。どんな職種でも、社会人が身につけるべき「基礎筋肉」はほぼ共通しています。体の筋肉を鍛えるのに近道がないように、ビジネスの基礎筋肉を鍛えるための近道もないのです。

ここでビジネスパーソンとしての土台を築けるかどうかで、その後のキャリアの選択も変わっていきます。私も、37歳まで人材紹介の国内営業でビジネス経験を積んだことが、結果として後々の「グローバル」「リーダー」それぞれのキャリア経営の土台になっていると実感しています。

将来海外で勤務するにしても、日本人である皆さんが日本の商習慣を知っておいて損はありません。むしろ、それが海外で、ローカルスタッフではなく皆さんが採用されるアドバンテージにもなります。

幸い、アジア圏ではどの国でも日本人や日系企業のプレゼンスが高く、コミュニティが確立しています。よくも悪くも日系企業は日系企業同士で商取引することが多く、欧米系やローカルキング会社がなかなか入り込めないのが実情です。だから、現地の日系企業は「日本の商習慣を理解していて、なおかつ英語ができる日本人」を高く評価するのです。

そして、「グローバルリーダーになるためにはこの業界や職種でなければならない」ということもありません。職種が営業であれ、経理であれ、ITであれ、まずはその最初に与えられた業務に全力で取り組むこと。これに尽きます。

最終的には起業して経営者、そして会社オーナーを目指すのであれば、なおのこと一つの職種のみに特化するわけにはいきません。営業、経理、人事、IT、マーケティング……、専門知識はなくとも、すべて「広く浅く」知っておく必要があります。

したがって、どこからキャリアをスタートしても、結局は入口の違いだけ。全身の筋肉を鍛えるのに、最初に右腕から鍛えるか、左腕から鍛えるか、の違いでしかありません。いずれにしても、最後は全身を鍛えなくてはなりません。

あまり焦って損得や近道を考えずに、まずは置かれている環境の中で与えられた業務に全力で取り組み、ビジネスの基礎筋肉をしっかりつけること。それが、遠回りに見えても長期的には海外でキャリアアップするうえで必ず役立ちます。

「営業職」はビジネスの基礎筋肉を鍛える絶好の職種！

「営業だけはイヤなんです……。クラスメイトもみんな、そう言っています」

現役の大学生とランチをする機会があり、就職活動の話題になったときに言われた言葉です。彼女はシンガポール国立大学で数か月間の交換留学を経験するなど、グローバル意識の高い熱心な学生です。

「どうして営業がイヤなの？」と聞いてみると、「営業って『ノルマ』があるじゃないですか。あと『飛び込み』とか……、自分にはちょっと耐えられそうにないんですよね」との答えが返ってきました。

事実、就職活動をする学生にとって「営業」は圧倒的に不人気な職種です。

日本労働調査組合が、全国の20～49歳で営業職の男女543名を対象に実施した「営業職の勤務意識に関するアンケート調査」（2021年12月）によると、「最近退職を検討した」

と回答した人は69・6パーセント。うち20代では実に79・9パーセントと約8割が退職を検討した経験があるとの結果となっています。他にも「就活学生の9割は営業職をやりたくない」といった、営業出身の私にはショックな調査結果もネット上では散見されます。

これほどまでに不人気な「営業」……。とはいっても、どんな会社でも売上・利益を上げることが至上命題である以上、営業職が不要になることはありませんし、会社組織での人数のウェイトも自ずと高くなります。ビジネスの最前線で売上を稼ぐ営業部門と、バックオフィスの経理部門の数が同じということはありえません。

営業職が不人気なのは、女子学生も言っていたように「ノルマ」「飛び込み」「数字を詰められる」など何かとネガティブなイメージがつきまとっているからです。しかし、よほどのブラック企業でないかぎりそんな負の側面が強調されることはありません。むしろ達成感が得られ、励みになるなどモチベーションを持続できる職種の一つだと、私は自身の経験からも思っています。

また、営業の仕事は受注できたら終わりではありません。その後は社内でさまざまな部署を巻き込み、クロージングまでチームとして進めていくプロジェクトマネジメントの役割も担います。このプロジェクトマネジメントのスキルは、ＡＩなどに代替されにくい「雇用されるチカラ」の一つでもあります。

「対人コミュニケーションが苦手なので……」という理由で営業職を敬遠する人もいます。ただ、将来において起業を目指すのであれば、「ビジネスを売り込む＝営業」という行為は好むと好まざるとにかかわらず100パーセント避けて通れません。それまでに対人コミュニケーションの場数を踏んでおくことは、未来に向けた自己投資として、間違いなくリターンを得られます。

営業職に配属されて「詰んだ……」「異動したい……」と肩を落としている若い読者もいるかもしれません。でも、短期的には「ツラい」と思うかもしれませんが、そのツラい経験がビジネスパーソンとしての「基礎筋肉」を着実に鍛えてくれます。ハラをくくって営業職を楽しんでみてはいかがでしょうか！

若いうちから「経営者の視点」を養おう

若いうちは、ビジネスパーソンとしての「基礎筋肉」をつける時期。それと同時に、この時期には「経営者の視点」を養っておくことをおススメします。

かく言う私も、いち営業マンだった若い頃はトップに対して、こうグチっていたものです。「口を開けば売上、売上ばっかり……。こっちだって必死にやってるんだ。もっとできている部分も評価してくれよ」

「社長って何やら会議ばかりして忙しそうだけど、いったい何を議論してるんだ？　現場のことわかっているのか？」

しかし、その後リクルートエグゼクティブエージェントでゼネラルマネージャー、さらにJACリクルートメントで上場企業の部長というポジションを初めて経験したときに、いかにそれまでの自分が、見えている範囲の「部分最適」にしか関心が向いていなかったか、ということに気づかされました。

たとえば、社内にA、Bの2つのチームがあって、私がAチームのチームマネージャーだったとします。担当する商圏をもう少し広げることができたらチームとしての売上が上がると見込んで、Bチームのマネージャーに商圏のルール変更をお願いしてみます。でも、その変更はAチームにとってはプラスだけど、商圏が狭まるBチームにとってはマイナスです。

こうして言葉にするときわめて当たり前ですよね。

しかし、実際のマネージャーの立場になると、自分のフィールド内の「部分最適」の視点しか持たないあまり、会社全体として見るとトレードオフの状況が生じ、「全体最適」になっていないことに気づかないのです。自分が部長や事業部長になり、部下からさまざまな提案を受ける立場になって初めてそのことに気づき、いかに自分が「部分最適」の狭いスコープでものを見ていたかを思い知らされました。

もう一つ、一般の社員と経営者の違いとして、ゴールに対する「時間軸」の違いがあります。

経営者は、頭の中で常に3か月から半年後までを見すえています。したがって、その月の売上目標だけに一喜一憂せず、3か月後の売上予測はもちろん、そのためのKPI、足元のキャッシュフロー、さらには数年後のアスピレーション（なりたい姿）までを考えながら、次々と手を打っていかなければなりません。

「部分最適」でなく「全体最適」。そして「短期視点」でなく「長期視点」。いま自分がいる立ち位置より1つ上のレイヤーでものを見る視点を、若いうちからぜひ意識してみてください。それが、後に起業し経営者となるためのトレーニングにもなります。

4-3 「リーダー」はどの業界でも通用するレア人材

リーダーって面倒くさい？　だからこそ希少価値がある！

「グローバルリーダー」を目指すために、まず「リーダー」としてのキャリア形成のポイントについてお話しします。

繰り返しますが、多くのリーダー経験を積み重ねてきた人材は、何歳になっても市場からオファーを受けられる、高い「雇用されるチカラ」を身につけた人材となります。加えて、リーダーの資質や経験は、業界の垣根を超えて発揮することのできる「トランスファラブル・スキル（Transferable：移転・応用が可能な）」でもあります。

しかし、そのリーダーを目指そうとする若い人は少なくなっているようです。

厚生労働省の「平成30年版 労働経済の分析」によると、役職に就いていない社員（係長・主任級）のうち「管理職に昇進したいと思わない」との回答が61・1パーセントに上っています。そして、その理由として次の項目が上位に挙がっています。

●責任が重くなる
●やるべき仕事が増え、長時間労働になる
●現在の職務内容で働き続けたい
●部下を管理・指導できる自信がない
●賃金が上がるが、職責に見合った金額が支払われない

この調査結果からは「リーダーって面倒くさい！」「労力や責任が重く、待遇の割に合わない！」と、リーダーというポジションが若者から敬遠されている実態がうかがえます。私も講演などで学生や若手社会人の皆さんと接する中で、そのことを感じています。

確かにリーダーというポジションは「面倒くさい」し「割に合わない」のですが、これも短期視点ではなく長期視点で考えてみましょう。

他の人が面倒くさがってやらないからこそ、リーダーを引き受けるあなたには希少価値がプラスされます。短期的には残業代がカットされるなどの理由で給料は減るかもしれませんが、長期的には必ず上がっていきます。

また、リーダーとしてキャリアラダーを昇ることで、初めて見えてくるフィールドがあります。より俯瞰で、かつ長期の視点で経営を考えられるようになります。「その面倒くさい仕事を引き受けてくれてありがとう！」という〝ご褒美〟が必ずあるのです。

何より、将来的に起業して経営者を目指すのであれば、リーダーとしてチームのメンバーを戦力化し、事業を進めていく組織マネジメント能力が必ず求められます。そのスキルと経験を、会社に属して給料をもらいながら得られるわけです。将来のＦＩＲＥを達成するためにも、リーダーの声がかかったら、短期視点にとらわれずに〝ご褒美〟と思ってぜひ引き受けましょう。

求められるリーダー像は変化している

リーダー志向が薄い人の中には、次のような声もよく聞かれます。

「自分は性格的にリーダーに向いていません」
「引っ張るより支えるほうが好きなタイプです」
「リーダー」と聞くと、「オレ（ワタシ）についてこい！」といった率先遂行型のリーダーのイメージを想像しがちです。そのため、「そんな強烈なリーダーシップは自分にはない……」と尻込みしてしまう人が多いのでしょう。

では、私にそのようなリーダーシップの資質があったか？　というと、決してそうではありません。現に、最初に課長のポストを任されたときは社長に呼び出されて「山の中腹でお弁当広げてるよね」と叱責されたポンコツリーダーでしたし……。

昭和から平成、令和へと時代の変遷とともに、リーダー像も変化しています。その新たなリーダー像を、あえて名前をつけるなら「着眼大局・奉仕型」と呼びます。

第3章で、エグゼクティブコンサルタント時代にある事業開発責任者の方から「着眼大局・着手小局」の視点を学んだ、とお話ししました。目線と志は高く持ち、俯瞰で事業を取りまく全体像を観察し、課題をていねいに洗い出す。そして、実行の際は「お前がやっておけ」と部下に一方的に指示するのではなく、自らもハンズオンで一緒に取り組み「あの人が言うなら一肌脱ぐか」と部下に自然に思わせる。雲の上の存在というよりは、近い距離とフラットな目線で部下に寄り添い、伴走支援する――そんなタイプが、これからの組織に求められているように思います。

こういったリーダー像は、もって生まれたリーダーシップがなくても誰でも目指すことができます。むしろ、「引っ張るより支えるほうが好きなタイプです」という方こそ、フォロワーシップの高い奉仕型のリーダーに適任といえるでしょう。

「すぐれたプレーヤー」が「すぐれたリーダー」とはかぎらない

よく言われることですが、プレーヤーとしてすぐれた業績を挙げた人が、必ずしもリーダーとしてすぐれているとはかぎりません。プレーヤーに求められるスキルと、リーダーに求められるスキルはまったく異なるからです。

リクルート時代に、営業成績が抜群で、いち早くマネージャーに昇進した同期がいました。「うらやましいな。でもアイツみたいにはなれないな……」と私にとっては眩しい存在でしたが、その出世街道をばく進していた彼が、部長クラスに昇進してからは急に失速したのです。

なぜか？　プレーヤーとして優秀な人は、部下がなぜ自分と同じようにできないのかがわかりません。それどころか成果が上がらないのを「努力が足りない」「頑張っていない」と解釈してしまい、本人は一生懸命やっているのにその頑張りを認めず、叱責してしまいます。そして、ますます部下のパフォーマンスが落ち、それを自分がカバーしようとして、マネジメントがおろそかになる。結果、チームの業績がますます下がってしまう……という負のスパイラルに陥ってしまうのです。

高校野球などでも、補欠の選手がキャプテンを務めている例があります。プレーヤーとしてはスタメンに入れなかったけど、見えないところで努力している。自分の意見をしっかり伝えることができる。実力が秀でていないからこそ、ベンチ入りできなかったメンバーも含めて部員の気持ちに寄り添える。だから、監督やメンバーが信頼してチーム全体のとりまとめ役に任命しているのです。

「自分は仕事もそんなにできないから、リーダーなんて……」と思う必要はまったくありません。むしろ、その「できない」経験こそが、これからの奉仕型のリーダーシップには必要といえるでしょう。

思考と行動は「Business Oriented」で

グローバルであれ、ドメスティックであれ、すぐれたリーダーとそうでないリーダーには、思考と行動の特性にある「違い」があります。

たとえば、会社の日常でよくあるこんなケースを取り上げてみましょう。

同僚の彼、また5分遅刻した。そのため、朝9時に朝礼を開始できず、チームの全員が5

分待たされた。こんなシチュエーションはもう3回目だ……。

この場面で、ある人は次のように考えます。

「アイツが遅れるなら、自分ももう少しゆっくり来てよさそうだ」

「そもそも、朝礼の時間が早すぎるのでは？　10分遅れで開始するよう提案してみるか」

そう考えるのは「Self Comfort」な思考と行動です。つまり、「自分にとって何が快適か？」が思考や行動の起点になっているということです。

対して、別の人は次のように考えます。

「アイツとは仲がいいので言いにくいが、周りは迷惑している。ちゃんと時間どおりに来るよう言ってみよう」

「もっとみんなが積極的に朝礼に出たくなるような内容にすれば遅刻は減るかもしれない。ちょっと考えてみるか」

つまり、「自分にとって何が快適か？」ではなく「ビジネスにとってプラスかどうか？」が思考や行動の起点になっているということです。つまり「Business Oriented」な思考と行動です。

リーダーが備えるべき「当事者意識」

もう一つ、すぐれたリーダーとそうでないリーダーとの、思考と行動の違いを挙げましょう。それは「当事者意識」の有無です。

あなたは、あるメーカーの営業チームのリーダーです。あなたのもとには「お宅の商品は高いから買わないよ」という顧客の声が多く寄せられています。さて、リーダーであるあなたがとるべき行動は、次のＡ、Ｂのどちらだと思いますか？

Ａ：確かにウチの商品の正価は競合に比べて高すぎる。もっと安ければ売れるはずだ。よし、正価を下げるよう部長に直訴してみよう。

Ｂ：お客さまは我々の商品に満足していないのか……。どうすればこの正価に見合う提案ができるだろう？　よし、みんなを集めてとことん議論してみよう。

Ａは「モノが売れない」原因を「価格」という外的要因に求めています。対して、Ｂは与えられた制約条件の中で、なんとか成果を挙げ、事業をまとめようとしています。リーダーに求められるのは、後者の「当事者意識」です。

前にもお話ししましたが、ビジネスにはあらゆる制限や制約がつきもの。その環境の中で、易きに流されず、常に視点を高く持って何とか事業をまとめていくのが、リーダーの役割なのです。

私がキャリアの前半を過ごしたリクルートの創業者、江副浩正氏が晩年に遺した「マネージャーに贈る20章」の中には、こんな一節があります。

〝もっと期限が先ならば〟、〝もっと人がいれば〟、〝もっと予算がおおければ〟……いい仕事ができるのにと嘆くマネージャーもいる。マネジメントとは、限られたヒト・モノ・カネ・そしてタイムをやりくりし、それぞれの最大活用を図ることである。（第18章）

与えられた制限や制約の中で、それを言い訳にせず（他責にせず）、いかに最大のパフォーマンスを上げるか。創意と工夫で現状を打破し、周囲にはたらきかけることのできる人が、会社が望んでいる「リーダーに引き上げたい人」です。

特に20代の、まだリーダーの手前にいる読者の皆さんは、「リーダーになったらやります」「ある程度のキャリアを積んだらやります」ではなく、いま自分がリーダーにアサインされたつもりで、「Business Oriented」と「当事者意識」の思考と行動の軸を持ちながら、日々の仕事に取り組んでみてください。

「ベスト」より「ベター」な選択がすぐれた決断を生む

経営者の重要な仕事の一つに「決断」がある、というお話を第3章でもしました。いくらビジネスの課題がわかっていて、改善策を考えたとしても、チームのリーダーが決断しないことには実行フェーズに移すことはできません。

事業を運営していると、「新しい事業のためにインフラと人員を追加で配置しよう」といった大きな規模の決断から、「オフィスの時計が古くなってきたから買い替えよう」など小さな規模の決断まで、日々、さまざまな決断の連続です。

たとえ経営者自身がその決断に直接関与せず、一つ下の部長や課長に委ねていたとしても、その手前で「決断の権限を部下に移譲する」という決断をしているわけです。

会社で起こっている、見えている現象のすべてが、経営者が何かしら決断したことを端緒に起こっているのであり、経営者がその責任を免れることはできません。そう考えると、企業の不祥事での謝罪会見で、トップが「自分はまったく把握しておらず……」と釈明する姿をよくテレビで見かけますが、それが言い訳にすらならないことがわかります。

さて、その「決断」について、これまでたくさんの経営者・リーダーにお会いしてきた私が確信していることがあります。

それは「『ベスト』な選択より『ベター』な選択をとれる人のほうがリーダーに向いている」ということです。

ビジネスというものは、自社ではコントロールできない外的要因も多く、往々にして思いどおりにならないものです。「ベスト」にこだわるあまり時間をかけているうちに、市場環境など外的要因が変化するというのもよくあることです。

それなら、決して100でなくても、ある程度の判断材料を70、80まで揃えることができれば、「ベター」な選択をしていったほうがいい。「Better than now（今よりはいい）」というマインドで決断を下していくことが重要です。

決断すると、新しいステージで次の選択肢が現れます。それを次々と選択し、決断していける人が、すなわち経営者資質のある人だと思います。「ベスト」を追い求めて吟味に吟味を重ね、最初のステージにとどまり続けるような人は、あまり経営者に向いてないかもしれません。

決断に「should have ＋P.P.」はない

そして、一度決断したらもうそこには立ち戻らないという覚悟がリーダーには必要です。なぜなら、それを前提とした次の選択肢がすぐやって来るからです。一度決めたことにいちいち立ち返って反芻していると、さらに決断しなくてはいけない事項がテトリスのように積み上がり、先に進めなくなってしまいます。

決断はトレードオフ。Aの選択をとれば、もうBの選択はできません。仮にAが間違っていたとしても、Aを前提に次の決断をしなければなりません。決断には、英文法で言う「should have ＋P.P.（過去分詞）」（あの時、こうすればよかった……）はないのです。

「自分はベストを追い求めてしまいがちだし、決断した後はすぐ後悔してしまうんです……、そんな自分はリーダーには向いていないんでしょうか？」

　ここまで言うと、そう思う方もいるかもしれません。

　いいえ、そういう方でも、たとえば昨日の１日を思い返してみてください。朝起きたら歯を磨く、電車の何両目に乗る、どのルートを歩いて出勤する、夕飯のメニューを決める――第１章でもお話ししましたが、人は１日に９０００回もの決断をしているのです。どんな人であれ、意識的に、あるいは無意識的に、誰からも指示をされることなく、決断しています。

「オレ（ワタシ）だって、実は決断できているんだ」

　そのように、まずは決断できている自分を認めてあげること。加えて、たとえば「なんであのとき、スタバじゃなくてタリーズに入ったんだろう？」など、その自分が行った決断を言語化してみることも、決断力を鍛えるトレーニングになります。

決断とは「やらないこと」を決めること

「決断」について、もう一つだけ大事なことをお話しします。

　リーダーにとって、決断とは「やらないこと」を決めることだ、ということです。

現場の営業マンやコンサルタントは、自分が抱えている案件の中から少しでも成約できる可能性を残しておきたいもの。だから、なかなか「やらない領域を決める」ことをためらってしまいがちです。

しかし、すべての人に平等に与えられた時間は24時間。案件ばかり抱えていると、パワーが拡散してしまい、「結局は今日も忙しかったなぁ」で終わり、業績確保につながる仕事をできていたかどうかが見えなくなってしまいます。

あれもやれ、これもやれ、という指示だけではなく、「ここには集中せよ。その代わり、ここについてはやるな」まで言ってあげることが、健全なリーダーが行うべきアドバイスです。リーダーにとって、もっとも勇気が必要な決断の一つが、一度つかんだものを手放すことです。

リーダーともなれば、過去にいろんな提案をし、新たなビジネスや、今までになかった画期的なオペレーションを創造してきたことでしょう。「この仕組みは彼（彼女）が作ったんだよ。おかげでいいビジネスになったよね」と時に〝レジェンド化〟することもあります。

しかし、その〝レジェンド化〟こそ危険の前兆！　もしその素晴らしいオペレーションに歪みが生じても、誰も指摘しにくくなってしまいます。

ビジネス環境は刻々と変化するもの。どんなにすぐれたシステムや手法も、これからもずっと盤石、万能とはかぎりません。わずかなほころびが生じはじめた時に、それを創ったリーダー自らが、過去の栄光を捨ててきちんと現状に耳を傾け、手放せるかが試されます。

すぐれたリーダーは、自分で作ったものですら、決して聖域化せず、自らの手で壊すことを恐れません。自らのポジションに甘んじることなく、健全に自身の後任を育て、自らが次のステージに進むことで自らも会社も成長することを、彼らは知っているのです。

マネージャーになるとは「川を渡る」こと

リクルートエージェント時代に初めて課長に昇進したとき、当時の社長からこう言われました。

「マネージャーになったということは、〝川を渡った〟ということだ」

当時は、その意味がよく飲み込めませんでした。「川を渡った」なんて今までの同僚との間に急に一線を引くようで、よそよそしくなってしまう気がします。マネージャーになってもいい兄貴でいたいし嫌われたくない。今までどおり同じ目線で付き合えるはず――と思っていたのです。

しかし、川を渡るとはそういう意味ではありません。

川を渡るとは「社長と同じ岸に立つ」、ということです。

マネージャーになれば、見ているユニット（単位）の規模こそ違えども、ミッションはもはや社長と一緒。任されているそのユニットの利益をいかに最大化させ、事業を継続・伸長させるか。ヒト・モノ・カネの資源を駆使しながらそれをとことん追求するという意味では社長となんら変わらない、ということです。

とはいうものの、昨日まで同僚だったメンバーをマネージャーになるや、いきなり今日から部下として接するというのは、実はとても大変なことです。GEを世界的優良企業へと育て、「20世紀最高の経営者」と呼ばれたカリスマ経営者、ジャック・ウェルチでさえ、著書『私なら、こうする！』（日本経済新聞出版）の中でこう認めています。

マネージャーの中で最も難しい状況とは、昨日まで同僚だったメンバーを今日からマネジメントする立場になった時である。

しかし、だからといって「いつまでもいい兄貴でいたい」というのは、それこそ「Self Comfort」な甘えにすぎません。リーダーとして「川を渡った」以上、メンバーにはとことん「要望」し、彼らがそれを「遂行」できたらきちんと「承認」し、また新たな「要望」を出す、というサイクルを確立し、回し続けなくてはなりません。

リーダーの立場は、かのウェルチですら「難しい」と認めるほどのポジションです。だからこそ、その難しいポジションをやり遂げることで「雇用されるチカラ」が高まり、「グローバルリーダー」への階段を一歩、また一歩と進んでいくことができるのです。

4―4　グローバルリーダーになるための「英語力」とは？

キレイな英語より「なんとか伝えようとする姿勢」

さて、今度は「グローバルリーダー」の「グローバル」にフォーカスしたキャリア形成のポイントをお話しします。

グローバルな環境でキャリアを積む前提として、必須のスキルが「英語」です。帰国子女や海外駐在経験のある人はともかく、一から英会話スキルを身につけることの大変さは、私も身をもって経験しています。

ただ、特にビジネスでの英会話スキルというのは、とにかくその現場に飛び込んで使ってみないことには身につきません。机の上で学ぶ英語と、リアルビジネスの現場で飛び交う英語の違いは、これまでもお話ししてきたとおりです。

グローバルリーダーとしては、きれいな英語を話せるかどうかよりも、「伝えたいことを、なんとかして懸命に伝えようとする」姿勢のほうがよほど大事です。第3章で登場したＪＡ

Cタイランド時代の部下だった山下さんは、当初英語があまり得意でない状況で海外勤務にチャレンジ。私の考えを理解しながら、タイ人のマネージャーと懸命にコミュニケーションをとってくれました。これぞ「サバイバル力」です！

これも先ほどお話しした「『ベスト』な選択より『ベター』な選択」の一例ですが、最低限の英語力さえ身につけたら、あとは思い切って飛び込んで経験してしまったほうがベターだし、英会話のスキルも一気に上がります。「TOEICを900にしてから……」と時間と費用をかけすぎる必要はありません。

「1レッスン500円」の画期的な英会話スクール

とはいえ、「グローバル」なキャリアを積むうえで最低限の英語力は必須です。第2章でもお話ししたように、私のように語学留学するにしても、いきなり海外で働くにしても、独学や英会話スクールなどで、英語力を積み上げる「ベース」を築いておくことが大事になります。

第2章でもお話ししましたが、英会話を学ぶうえで私が重要だと考える要素は、次の3点です。

①入学のハードルが低いこと

②楽しく続けられるコミュニティ
③リアルな英語（特に「非英語圏」）に慣れること

中でも重視するのが「①入学のハードルが低いこと」です。私の場合、入学の8割が還元される教育訓練給付金の後押しがあったからこそ、「なんとなく英語が話せたらいいよね」くらいの軽い気持ちで英会話スクールの入口に入ることができました。

創業者の兒嶋裕貴さんは、同社を立ち上げた背景を次のように語っています。

「英会話って昔はそんなに高かったの？」

将来、子供達にそう言われる時代が来ます。我々はその幕を開ける為にワンコイングリッシュを開校しました。

グローバル化が進む世界の中で英語はこれから益々「世界の共通語」としての役割を担っていきます。多国籍な人と日本や海外で英語でコミュニケーションを取る時代がすぐそこまで来ています。

その中で日本の英語教育はどうでしょうか？　未だに高いままでよいのでしょうか？

これから進んでいくグローバリゼーションの中で、英語教育は誰しもが気軽に受けられるインフラになるべきではないでしょうか？　より多くの日本人が英語を話せるようになれば、この先どれだけの将来性・マーケットが広がるのでしょうか？　どれだけの国益をもたらすのでしょうか?

(ワンコイングリッシュ公式サイトより抜粋)

英語教育が、誰もがアクセスできる「インフラ」になってほしい――その志を実現するために兒嶋さんが始めた「ワンコイングリッシュ」は、その名のとおり「ワンコイン＝500円」で英会話レッスンを受けられる画期的なサービスです。

通常の英会話スクールが多額の費用を投じている派手なプロモーション、一等地の教室などは重視していません。その代わり、熱意のある講師や楽しいイベントなど、「グループレッスンの質」を高めることにコストをかけています。レッスンの質を担保しながら「1レッスン500円」という受講料を実現しているのです。

あるきっかけで兒嶋さんとお会いし、彼の志とビジョンに大いに共感した私は、会社オーナーという立場でありながら、彼の経営をサポートすべくワンコイングリッシュにジョインする決意を固めました。このサービスがあれば、かつての私のように帰国子女や海外勤務の経験がなくても、より多くの人がお金を気にし過ぎずに、英会話への扉を開くことができる。つまり、日本で「グローバルリーダー」を増やすことに寄与できると思ったのです。

「非ネイティブ」どうしの英会話が今日のグローバルスタンダード

特にコロナ禍以降はオンライン形式での英会話レッスンも普及する中、ワンコイングリッシュではあえて「対面」のグループレッスンを重視しています。

対面での会話のほうが、表情や身振り手振りなど言葉以外の情報も受け取りながらコミュニケーションすることができ、英会話の体験もより濃密になります。また、「言葉が通じた！」という感動もより大きくなります。

また、「②楽しく続けられるコミュニティ」にも通じますが、ワンコイングリッシュでは生徒と講師との交流イベントも頻繁に行っています。私は当時「イベント担当役員」も兼ねていたので、クリスマスなどのイベントは率先してゲームや会話を楽しんでいました。レッスンだけではない交流の機会を通じたコミュニティこそが、「楽しく続ける」ポイントです。

さらに、ワンコイングリッシュでは講師も英語圏出身のネイティブスピーカーにこだわっていません。これは「③リアルな英語（特に「非英語圏」）に慣れること」に合致します。

グローバルのビジネス現場では、非ネイティブ人同士の英会話がもはや主流です。お互い、発音も文法もキレイでない英語でなんとかコミュニケーションをとる。これが「グローバルスタンダード」のリアルなのです。

ワンコイングリッシュの講師陣は、約40カ国以上と実に多国籍！　かつ、多数の応募者の中から、文法、発音、授業の楽しさなど厳しい選考基準をクリアした人材を揃えています。多国籍の講師と交流を持つことで、それぞれの国の文化に触れることもできます。ダイバーシティ&インクルージョンの観点からも、「非ネイティブ」の人々との英語を通じた交流こそが重要であり、そこも私がワンコイングリッシュに共感した理由の一つです。

英語の勉強は「永遠に飽きがこないおもちゃ」

そういった理念やビジョンはもちろん大事なのですが、あらためてわかったのは、私自身が「英語を勉強するのが好きだ！」ということ。

グローバルビジネスの環境で英語を使い続けてきた自負はありますが、いまだに知らない単語や表現に日々出くわしています。シンガポール人のメールに新たな単語を発見したり、アメリカ人が使った表現に未知のフレーズを見つけたり……そのたびにスマートフォンを取り出して検索しています。

英語は、私にとって本当に「飽きがこないおもちゃ」。「もうこれ以上覚えることはなくなった」という日は永遠に来ないでしょう。

この、英語を勉強することの楽しさが、いま私がワンコイングリッシュで働くモチベーションかもしれません。その楽しさを一人でも多くの人に伝え、結果としてグローバルリーダーの育成に貢献したい。そう思いながら日々奮闘しています！

4-5　グローバルリーダーとして成長したいなら「アジア」を目指そう！

アジアでの就労経験は市場価値の高いキャリア

グローバルリーダーとしてのキャリアを築くためには、どこかのタイミングで海外での就労経験を積む必要があります。本章の最後に、「海外でキャリアを築くならアジア（特に東南アジア）がおススメです！」というお話をします。

図表4-3は、阪南大学経済学部の三木隆弘教授が、海外就職を経験したビジネスパーソンを対象に実施したアンケート調査の結果です。「帰国後、転職の際に『海外就職経験』は有利にはたらいたか？」との設問に対して、「海外就職経験が日本での転職の際に多少でも高く評価された」と回答した人は全体の約7割。20代に限定すると85パーセントに上ったとのことです。

図表４－３　帰国後、転職の際に「海外就職経験」は有利にはたらいたか？

「海外就職経験者アンケート」Report　阪南大学 三木隆弘先生（単位：人）

	全回答		～29歳		～30歳	
	回答数	構成比	回答数	構成比	回答数	構成比
海外でのマネジメント経験等が、転職先の会社では「希少価値」とされた	8	22%	3	23%	5	22%
海外でのマネジメント経験等が、転職先の会社ではそれなりに評価された	8	22%	5	38%	3	13%
海外で働ける語学力が評価された	9	25%	3	23%	6	26%
海外就職経験は特に評価もされず、不利にも扱われなかった	8	22%	2	15%	6	26%
「現地就職（現地採用）を選んだこと」を、少し意地悪ともとれる質問をされた	1	3％	0	0％	1	4％
日本国内で働き続けている同世代の社員に比べて、少し不利な扱いだと感じる	0	0％	0	0％	0	0％
勤続年数に参入されず、新入社員（第二新卒）に近い待遇での入社となった	2	6％	0	0％	2	9％
その他を除く合計	36	100%	13	100%	23	100%
その他	10		2		8	
回答数合計	46		15		31	

海外就職経験が日本での転職の際に多少でも高く評価されたと回答した人が約７割、一方不利に扱われた人はわずか１割という結果となった。しかも不利に扱われてた人は全員30歳以上であり、特に29歳以下では海外就職経験を高く評価された人が85%、不利に扱われた人がゼロという結果になった。

この調査結果は、海外での就職経験が「ブランク」にならず、むしろキャリアに大きな箔をつけてくれるものだ、ということを教えてくれます。現に、私の周囲を見ても「海外就職経験があったから、その後の転職でキャリアアップできました！」と話してくれる人は数えきれません。

「でも、それって欧米での話でしょ？　東南アジアなどでの就職経験はブランクと評価されてしまうのでは……」

そう疑問視する人もいるかもしれませんが、果たしてそうでしょうか？　私がオーナーを務める

「アジアン・リーダーズ・キャリア（ＡＬＣ）」の元社員である、２人の日本人のケースをご紹介します。いずれも20代の若者です。

ケース１：Ｍ・Ｔさん（女性）

新卒でＡＬＣに現地採用、３年勤務した後、タイで英語を使って仕事をしていた経験を買われ、大手グローバルメディア企業の「フォーブスジャパン」に転職。

ケース２：Ｙ・Ｋくん（男性）

日本企業で国内営業として勤務した後、25歳でＡＬＣに中途入社。タイで人材紹介業に従事した経験を評価され、外資系のハイエンド人材紹介会社「マイケル・ペイジ」に転職。

２人とも20代で単身タイに渡り、現地の企業で働いた経験と英語力が評価され、見事にステップアップ転職を果たしています。この２人以外にも、アジアでの就労経験を機にステップアップ転職に成功した例は枚挙にいとまがありません。

加えて、２人ともいわゆる新卒・第二新卒というキャリアの序盤でタイに飛び込んでいます。入社時は、英語スキルも決して高いとはいえませんでした。

ここまで、「キャリアの前半では日本の企業でビジネスの基礎筋肉をつけて……」などとお話ししてきましたが、このように一足飛びでタイに現地採用で飛び込み、慣れないビジネス英語に四苦八苦しながら、結果として急成長するケースもあるのです。

経済成長著しい東南アジアで「成功体験」を積み重ねる

もう一つ、三木教授が実施したアンケート調査の中に「海外就職を決意した理由・動機は？」という設問があります。

注目したいのは、回答率の高い次の2つの回答です。

●日本以外でも通用する能力（マネジメント力・語学力等）をつけたかったら（40パーセント）

●活気やチャンスがあり、自分が成長できる海外に身を置きたかったから（52パーセント）

このように、海外就職を経験した人は、高い成長意欲がその動機になっていることがうかがえます。そういった高い成長意欲を持つ若い人にこそ、私はアジアという環境を強くおススメします。

日本や欧米諸国など、マーケットが成熟している先進国と比べて、東南アジア各国は今まさに経済成長の真っただ中。日本でいえば高度経済成長期のような成長フェーズにあります。だから、ちょっと仕事を工夫するだけで業績が伸びる、マーケットを開拓できる、といった「成功しやすい」土壌があるのです。

そういう成功しやすい環境だからこそ、小さな成功体験を日々積むことができ、その成功体験がビジネスパーソンとしての自信を高めてくれます。その自信が、自分のメンタルブロッ

図表4－4　海外就職を決意した理由・動機は？

海外就職を決意した理由・動機（単位：人）

	全回答		～29歳		～30歳	
	回答数	比率	回答数	比率	回答数	比率
若いうちから海外で自分の実力を試してみたかったから	64	33%	29	37%	35	30%
とにかく海外で働きたくて、海外就職だと早期に海外で働く機会を得られるから	80	41%	42	54%	38	32%
日本以外でも通用する能力（マネジメント力・語学力等）をつけたかったから	78	40%	35	45%	43	36%
日本で納得できる就職が見つからなかったから	15	8%	2	3%	13	11%
日本企業の社風・風土が自分に合わなかったから	30	15%	11	14%	19	16%
とにかく刺激が欲しかったから	38	19%	22	28%	16	14%
活気やチャンスがあり、自分が成長できる海外に身を置きたかったから	101	52%	42	54%	59	50%
海外での就業経験者は将来日本できっと需要が高まると思ったから	58	30%	29	37%	29	25%
海外に滞在することを先に決めた（就職のために海外に来たのではない）	20	10%	9	12%	11	9%
それまでの海外経験（留学等）を活かしたかった（日本ではなく海外で働く方が楽しいと思った）から	57	29%	20	26%	37	31%
深い考えはなく、とりあえず海外就職という道に飛び込んだ	24	12%	11	14%	13	11%
その他	41	21%	12	15%	29	25%
回答者数	196		78		118	

クを取り払い、次のチャレンジに向かうエネルギーになるのです。私自身も、もともとはコンサバ志向の強い人間でしたが、アジアに渡って成功体験を積み重ねる中で、自分自身を信じられるようになり、リスクをいとわずチャレンジするマインドが身につきました。

さらに、ビジネスの成功とともに会社の規模が大きくなると、若くしてリーダーやマネージャー職に登用されるチャンスが高まります。日本の大企業のピラミッド組織でずっと「下働き」するよりも、よりスピーディーに「リーダー」の経験を積むことができるのです。

「日本を飛び出して東南アジアに活躍の場を求めるのは、なんだか『都落ち』感があるなぁ……」

かつて、10年ほど前は、日本で活躍の場を失い、東南アジアにステージを求めて再起を図る、という日本人が多かったのは事実です。しかし、今ではすっかり過去のものになりました。私の知っているかぎりでも、日本でも優秀とみなされるであろう若いビジネスパーソンや起業家が、東南アジアのポテンシャルの高さに魅力を感じ、積極的に活躍の場を求めています。

女性こそ、東南アジアでグローバルリーダーになれるチャンスがある！

もう一つ、東南アジアには女性にこそ、グローバルリーダーとして成長できるチャンスがあります。

図表4－5は、就業者及び管理的職業従事者に占める女性の割合の国際比較を示したグラフです（出典：「男女共同参画白書 令和元年版」（内閣府男女共同参画局））。2018年における日本における日本の管理職の女性比率は14・9パーセント。年々上昇しているものの、国

図表4－5　就業者及び管理的職業従事者に占める女性の割合(国際比較)

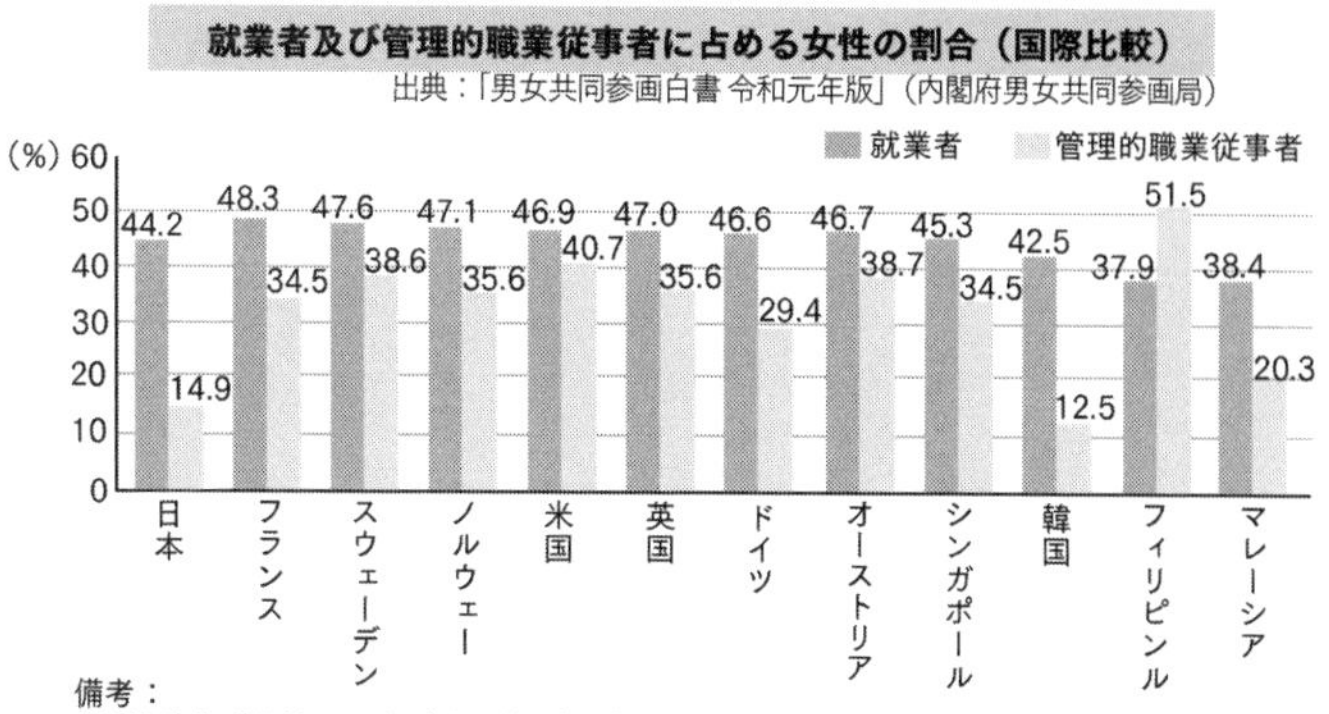

備考：
1. 総務省「労働力調査（基本集計）」（平成30年）、その他の国はILO “ILOSTA” より作成
2. 日本、フランス、スウェーデン、ノルウェー、米国、英国及びドイツは平成30（2018）年、オーストリア、シンガポール、韓国及びフィリピンでは平成29（2017）年の値、マレーシアは平成28（2016）年の値
3. 総務省「労働力調査」では、「管理的職業従事者」とは、就業者のうち、会社役員、企業の課長相当職以上、管理的公務員等。また「管理的職業従事者」の定義は国によって異なる

際比較では韓国と並んでかなり低いことが見てとれます。

一方で、同じグラフを見るとシンガポール（34・5パーセント）、フィリピン（51・5パーセント）、マレーシア（20・3パーセント）と、東南アジア諸国の女性管理職比率の高さが目立ちます。

私が社長を務めたJACシンガポールでは、日本人のほかシンガポール人、マレーシア人、イギリス人、スペイン人など、多様な国籍のスタッフが働いていましたが、中でも営業ターゲットを持つコンサルタントの約7割は女性で、管理職も約半数を女性が占めていました。

JACタイランドでは管理職の8割、J

ACマレーシアにいたっては9割が女性です。もともと人材紹介業自体が女性管理職比率の高い業界ではありますが、ここ東南アジアではさらにその比率が高くなっています。

JACリクルートメント・フェローの黒澤敏浩氏は、雑誌『月刊人事マネジメント』に寄稿した「女性インターナショナル人材の時代」という記事の中で、東南アジアでの女性管理職比率の高さの理由を「日本と異なる昇進速度と労働時間に起因している」と分析しています。

日本の場合、管理職になる年齢は多くが30代後半~40代前半。女性の場合、出産・育児を経験すると管理職のルートから外れてしまうことが多いのですが、アジアでは若いうちに実績を残せば、日本以上に早くルートに復帰し、管理職に抜擢されます。その後に育児休暇をとってブランクができても復職して昇進したり、転職したりできる背景があります。

また、日本に比べ残業の文化がないことも、女性にとってはアドバンテージの一つ。家庭と仕事の両立がしやすく、子育てをしながら管理職務を全うすることが当然のこととして受け入れられているのです。

この黒澤氏の指摘は、私も長くタイやシンガポールでキャリアを歩む中で大いに共感できるところです。

グローバルリーダーを目指す女性は、古い慣習の残る日本の大企業にとどまり続けるより、ひと足早く東南アジアで管理職を経験してしまうのも大いにアリかもしれません！

海外就職サポートのサービスも活用してみよう

「自分も海外で働いてみたい！　けど、どうやってきっかけをつかめばいいんだろう……？」

幸い、ここまで本書を読んでくれて、「グローバルリーダー」への一歩を踏みだすために海外で働いてみたい！　と興味を持ってくれた人もいるかもしれません。ただ、どの国にどんな企業があって、どんなビジネスをしているのか、一から調べるのは大変なことです。その国独自のビジネス慣行や、就労ビザの取得方法なども気になるところです。

そんな方のために、日本国内には海外就職のカウンセリングやマッチング支援を行うサービスがあります。その中から私がご紹介したいのが、ＧＪＪ株式会社が運営する「グローバル人材塾®　海外就職デスク」です。

このグローバル人材塾では、海外就職に興味のある方を対象に、カウンセリングからキャリアの棚卸し、レジュメの作成、その人に最適な国の提案まで、海外就職サポートをパッケージで提供しています。「なんとなく海外で働いてみたい」という軽い動機から相談を始めても、数か月のプログラムを通じて、最終的には海外就職の具体的なイメージを描き、売り込むところまでその人を「育成する」のです。

さらに、GJJではアジア圏を中心としたさまざまな人材紹介エージェントと提携しており、彼らが育成した人材を適切なエージェントに仲介してくれます。私がオーナーを務める「アジアン・リーダーズ・キャリア・タイランド」もその提携先の一つです。

私たちエージェントにとって、グローバル人材塾のような人材育成を担ってくれる機関はとてもありがたい存在です。海外就職に興味のある人が現地のエージェントに直接問い合わせるケースもあるのですが、多くの場合は海外就職のキャリアイメージを描けておらず、「何かいい求人があったら教えてください」といった程度の軽い気持ちのまま問い合わせてくるので、結果としてその後のマッチングに結びつきにくいのです。

しかし、GJJから紹介いただいた方々は、同社の海外就職支援プログラムを通じて、海外で働くうえでの高いマインドとスキルを備えています。私たちとしてもムダな労力をかけずに、マッチング確度の高い人材を、自身をもって現地法人に紹介することができるのです。

GJJを経営する田村さつきさん、貴志さんのご姉弟に出会ったのは、JACタイランドで社長をしていた頃でした。マインドとスキルの高い人材をGJJから紹介してもらい、成約件数が増えたことで、GJJ側からも「蒲原さんの会社につなげば採用意欲の高い求人を紹介してくれる」と信頼を寄せてくれました。双方のWinが見事に合致したのです。

このJACタイランドでの提携が「第1号」となり、その後GJJはシンガポール、ベトナム、インド、中国とアジア圏で提携先のエージェントを増やしていきました。まさに「一点突破・全面展開」でコラボレーションを拡大していったのです。私自身が、そのビジネス拡大のきっかけとなれたことで、田村さんからも感謝をいただきましたし、私自身もうれしく思っています。

「グローバルリーダー」を目指すなら、どこかのタイミングで海外での就労経験は不可欠です。海外就職への第一歩を踏みだそうと思った読者の皆さんは、ぜひ運命の国・就職先との出会いのためにも、ＧＪＪのグローバル人材塾を活用してみてください！

第5章

成長著しいアジアで起業にチャレンジしよう！

5-1 「アジアで起業する」という選択

アジア起業に求められる「短期的損得にとらわれない強さ」

前章では、海外で起業し、会社オーナーになることを前提に「グローバルリーダー」としていかにキャリアを形成するか、についてお話ししてきました。

「グローバル」「リーダー」双方でのスキルと経験を積み、高い「サバイバル力」を身につけたら、いよいよ海外で起業するための準備が整ったことになります。そこで、本章では「アジア起業編」として、アジアで起業するための心がまえや、具体的なステップとポイントをご紹介していきます。

「アジア起業に求められる資質」として、私は講演などで次の2点を挙げています。

①短期的損得にとらわれない強さ
②現地のローカルスタッフとの親和力

まず「①短期的損得にとらわれない強さ」からお話しします（「②現地のローカルスタッフとの親和力」については、あらためて5-4でお話しします）。

起業においては、短期的にはマイナスに見えても、そこで得た経験が次に必ず活かせる、というマインドがより一層求められます。

そもそも、起業する時点で一時的に収入はなくなるし、それどころか勉強のためにセミナーに出席したり、関連するソフトを買ったり……これらをすべて自腹で負担しなければなりません。いちいち「これは会社の経費になるのか？」などと考えていたら前に進めません。

あまり近視眼的に損得を考えず、特に異国の地で起業するうえでは「ここは損かもしれないけど自腹を切っておくか」「一度この人にＧＩＶＥしておこう」といった見返りを求めすぎない鷹揚さが求められます。現に、起業家どうしの集まりで話をしていても、そのようなマインドを持った人が成功していると感じています。

「ムダな経験」も最後は役に立つ！

「会社での飲み会に残業代は付くんですか？」

最近では、若い人の中にこんなことを聞く人がいます。「行きたくもない飲み会に出て拘束されるのは時間のムダだな」「会社の飲み会なのに自腹を切らされるのは損だな」と考える理屈はわからなくもありません。

でも、そこで普段は雑談できない部長と話せるかもしれないし、あまり接点のない人と共通の趣味が見つかるかもしれません。どこでどういうチャンスが転がっているかわからないのです。私もこれまでの過去を振り返ると、その時点ではお金や時間のムダだな、と思ったことが、後々役に立っていることが多々あります。

かのアップル創業者のスティーブ・ジョブズ氏は、2005年にスタンフォード大学の卒業式で行ったスピーチで「Connecting the dots」という言葉を残しました。つまり、一見バラバラでムダに思える経験＝「点」（ドット）でも、その点をたくさん生み出していけば、それらの点と点がつながって、「線」になっていく、という考え方です。

起業して会社を経営する立場になると、もっと長期的なスパンで投資や事業の決断をしなければなりません。とはいえ先々のことはわからないので、ムダになること、儲けにならないことも多々あります。それでも、「返ってこなくても、その人が喜んでもらえればいいか」くらいの気構えが必要です。そのムダや損が、忘れた頃に回りまわって自分のところに返ってくるものなのです。

成功の8割は、「偶然」から生まれている

「起業」と聞くと、「ビジネスモデルや商品に強い情熱を傾けなければダメだ」「熱意をもってビジョンを掲げよう」などといったイメージが浮かびます。それはそのとおりだなと思うのですが、一方で私の経験則では、「これがやりたい」という思いが強すぎると、ビジネスのフレキシビリティが低くなり、経営が傾いても一つの事業にこだわり続けるきらいがありま

す。

スタンフォード大学教授で教育心理学者のジョン・D・クランボルツ氏は、「計画的偶発性理論（Planned Happenstance Theory）」を提唱しました。

クランボルツ氏によると、ビジネスパーソンとして成功してきた人の、キャリアのターニングポイントの実に8割は、本人の予想だにしない「偶然」によるものだった、とのことです。その偶然の出来事が起きたときの行動や努力次第で、新たなキャリアが拓けるのです。

事実、多くの起業家は、創業時に始めた事業ではない事業で結果的に成功を修めています。想定していなかったことが起こった、思ったほどニーズがなかった、予想していない競合が現れた――事業をやってみて初めて気づくことはたくさんあります。そういった想定外の経験を重ねるプロセスの中で、周囲のアドバイスにも耳を傾けながら、少しずつ事業をピボットさせ市場にアジャストさせていく。そのようなフレキシブルな思考と行動を持ち合わせた人のほうが、結果として事業を継続することができるのです。

かくいう私も、キャリアの大半を占めるのは人材紹介業だったので、タイでの起業のスタートは迷わず人材紹介業にしました。ところが、後に起業支援サービスを行う「ビー・コンサルタント」を買収。それまでは起業支援の仕事など経験したことはありませんでしたが、今ではどちらかというと後者のほうが順調で、利益体質になっています。企業経営をする中で出会った人やビジネスなどを組み合わせ、市場のニーズに合わせてシフトさせていくことで、結果として経営がうまくいくことを実感しています。

逆に「ボク（ワタシ）にとってこれこそがパーパスだ。このために起業したんだ！」という人は、シフトができず、成功するまで資金を突っ込み、結果として致命傷を負ってしまう、という例は少なくありません。これまで培ってきた専門性や、成し遂げたいことで起業するとしても、いい意味でそれにこだわりすぎないスタンスが大事です。

「偶然」を引き寄せられる起業家になろう

このことは、いわゆる書店に並んでいる「起業本」とは一見して真逆のことを言っているかもしれません。でも、起業というのはそもそも市場があって初めて商売として成り立つもの。やっていくうちに、「あ、このポジションが空いてるな」とか「こういう強みを持った人がいるから、パートナーを組もう」という、フレキシブルにポジションを変えていける人のほうが成功の確率は高まります。

クランボルツ氏の計画的偶発性理論では、成功するキャリアを築くために、偶発の出来事が起こるのをただ待つのではなく、自ら引き起こすべく行動することの重要性を説いています。

具体的には、以下の5つの行動特性を持つ人にチャンスが訪れやすいそうです。

〈計画的偶発性を起こす行動特性〉

- 好奇心（Curiosity）：新しいことに興味を持ち続ける
- 持続性（Persistence）：失敗してもあきらめずに努力する
- 楽観性（Optimism）：何事もポジティブに考える
- 柔軟性（Flexibility）：こだわりすぎずに柔軟な姿勢をとる
- 冒険心（Risk Taking）：結果がわからなくても挑戦する

せっかく「起業」という大きなチャレンジをするのですから、これらのマインドを持って、偶然の出会いやハプニングを引き寄せられる起業家になりましょう！

5－2　起業のプランを立ててみよう

枠を設けずに「好きなこと」「得意なこと」を棚卸ししてみよう

「起業してみたいけど、どんなビジネスで起業すればいいんだろう？」

そう悩んでいる方は、まず自分が社会に貢献できる価値、すなわち自分の「強み」や「長

図表５－１　自分の強み・長所を棚卸しする

「強み・長所」一覧	
① 行動力・ 継続力系	**集中力**、向上心、努力家、積極性、チャレンジ精神、**実行力**、行動力、ハングリー精神、継続力
② 対人関係力・ チーム力系	協調性、競争心、負けず嫌い、社交性、交渉力、**傾聴力**、発信力、思いやり、ホスピタリティ、育成力、**柔軟性**、コミュニケーション能力、笑顔、リーダーシップ、臨機応変、**相手の立場になって考える力**、調整力、縁の下の力持ち、気配り
③ 考える力・ 問題解決力系	論理的、理解力、発想力、**想像力**、**企画力**、分析力、状況把握能力、文章力、工夫力、記憶力、思考力、マーケティング力
④ 几帳面・冷静系	几帳面、慎重、**冷静**
⑤ マインド系	プラス思考、ポジティブ、明るい、忍耐力、真面目さ、誠実さ、責任感、計画性、環境適応能力、順応性、情熱、判断力、好奇心旺盛、謙虚、素直、**レジリエンス**、**他責にしない**
⑥ スキル系	PCスキル、語学力、資格、知識、プレゼン力

所」を棚卸しするところから始めてみましょう。図表５－１内の太文字は、特に「起業」に向いている強み・長所になります。

この「強み・長所」ですが、これまで仕事で培ってきたスキルや経験に限られません。ビジネスとはほど遠いように見える、単なる趣味にすぎないと思っていることでも、そこに意外と起業アイデアのヒントが隠れています。

片付けコンサルタントの「こんまり」こと近藤麻理恵さんは、もはや知らない人のほうが少ないでしょう。私が紹介するまでもありませんが、２０１０年に出版した

『人生がときめく片づけの魔法』（サンマーク出版）は世界40カ国以上で翻訳され、シリーズ累計1，300万部を超える世界的大ベストセラーになりました。2015年には米『TIME』誌の「世界で最も影響力のある100人」に選出。その片づけメソッドは「Konmari」の名前で世界中に広まっています。

その近藤さん、直接の面識はありませんが、実はかつて私と同じリクルートエージェントに在籍していました。彼女の上司だった人に聞くと、求人広告の営業をしていた彼女は、商談に訪れた先の企業の応接室が散らかっていたり、ずさんに本が並べられていたりすると、それを片づけて、求人を獲得せずに帰ってくる……ということがしばしばあったそうです。

本当に片づけが好きなんだ、ということを物語るエピソードですが、その後、「会社を辞めて片づけの仕事で独立したい」とその上司に相談します。彼は「そんなのがビジネスになるわけないじゃないか」と疑っていたそうですが、その後の彼女の歩んできたサクセスストーリーはお話ししたとおりです。本当に、何がビジネスになるかわからないのです。

この近藤さんの例は、「起業を考える際には、スタートの段階でアイデアに制限をかけないこと」の大切さを私たちに教えてくれます。「好きだけど儲かるわけない」「こんなアイデア、実現するわけない」と、諦めてストップしてしまうのはもったいない。まずは枠を設けずに好きなこと、得意なことを洗い出してみましょう。

重要なのはマーケットの大きさでなく「他にプレーヤーがいないこと」

自分の「強み・長所」を棚卸ししたら、それらをいろいろと組み合わせてみましょう。繰り返しますが、ここでも「できる・できない」「儲かる・儲からない」はいったん脇に置いて「どんな事業をやっていたら楽しいだろう?」と自由に妄想を膨らませてみることが大事です。

（組み合わせの一例）

●「経営者の話を聞くのが好き」×「パワポ作成が得意」＝経営者の漠然とした事業アイデアを一枚のスライドにして納品

●「高校野球が好き」×「カフェでリラックスする時間が好き」＝高校野球カフェ

●「Jポップが好き」×「リクエストした曲とモニターに囲まれて飲みたい」＝日本人向けJポップバー

●「企業での秘書経験」×「お花好き」＝秘書のためのお花屋さん

「5分の1」と「5分の1」のスキルを掛け算すると「25分の1＝4パーセント」のレア人材になれる、とお話ししましたが、起業アイデアもこのように組み合わせることでよりユニークなものになります。

ある程度アイデアが出揃った時点で、初めて「事業性（儲かるかどうか）」のモノサシで検討してみます。

ここで、一つポイントをお伝えします。起業において重要なのは「マーケットの大きさ」ではありません。「他にプレーヤーがいない（少ない）こと」です。

人口1億2千万人の先進国・日本では、「これはいいアイデアだ！」と思っても、すでに他の誰かが実行しているものです。私は高校野球の大ファンでお酒も好きなので、「『高校野球ファンが集う居酒屋』ってどうだろう？」と一度調べてみたことがあります。すると、すでに都内に「高校野球居酒屋」は存在していて、そこそこ繁盛していました。

でも、東南アジア各国であれば、競合するプレーヤーは圧倒的に少なくなります。

先ほど例に挙げましたが、私の知人は「企業での秘書経験」と「花が好き」という2つを組み合わせて「秘書の人向けのフラワーショップ」を開業しました。企業秘書の人に、シチュエーションごとに贈る花を提案して届けるサービスです。

タイでの会社設立の具体的事例

他にも、私がオーナーを務める「ビー・コンサルタント」が支援した最近の起業例には次のケースがあります。どれも「強み」や「好き」を掛け合わせたユニークなビジネスでそれぞれ成功を収めています。

〈ケース①〉京都のコーヒー専門店のタイ進出をお手伝い！

京都にあるスペシャルティコーヒースタンドの、シンガポールに次ぐ海外展開の2店舗目として、バンコクへの進出をサポートしました。単なるカフェではなく、セレクトされたコーヒー豆やコーヒー器具も購入することができ、現地に駐在する日本人や現地のコーヒー好きを楽しませています。オーナーは日本に在住し、現地ではタイ人のマネージャーとスタッフが店舗を切り盛りしています。

〈ケース②〉日系大手電機メーカー社員がペット・トリミング店をオープン！

元大手電機メーカーの駐在員だった人が、まず日本でバーを開業した後、タイでペットのトリミング店をオープンしました。

バンコクの住民も所得が上がって、ペットを飼う世帯が増えています。その中にあって、日本のていねいなトリミングサービスをするペットサロンはまだ少なく、オープンしたらけっこう当たっているのです。これも「プレーヤーの少なさ」に着目した起業例です。

〈ケース③〉好きを仕事に！　ゴルフバッグ特注オーダー事業

日本の企業でサラリーマンとして働きながら、副業としてタイでゴルフバック特注オーダー事業の会社を立ち上げたケースです。自身がゴルフ好きということもあって、商材をタイで仕入れ、オリジナルのロゴやカラーリングなど思い思いにカスタマイズしたバッグを製作、日本に納品しています。

この他にも、ウェブマーケティング、ＳＮＳマーケティング、お掃除サービスなど……、日本に比べてプレーヤーの少ないタイで、さまざまな起業事例が生まれています。

自己資産の中から起業資金を捻出するシミュレーションを立てよう

起業にあたって私がよく相談を受けるのが「起業資金」です。どのくらいの起業資金を用意すればいいのか、気になりますよね……？

どんな事業で起業するかにもよりますが、私のようなコンサルティング事業であれば１人で始めるには３００万円、最初からスタッフを雇うなら１千万円くらいが目安です。私の場合はシニアで起業して少し資金があったので、初めから人を雇うために１千万円を用意しました。「事業に失敗して1千万円失っても、なんとかやっていけるだろう」とハラをくくったのです。幸い、１千万円が底をつく前に売上が経ち、軌道に乗せることができました。

「ここまできたら資金がゼロになるな」と予想できれば、「ゼロになったらもう一度サラリーマンに戻ろう」とハラがくくれます。そういう意味でも、先を見すえて資金のシミュレーションをしておくことが大事です。

月々の収入や支出の見込みを入力しながら、何年後に想定している起業資金を自己資産の

図表5－2　起業資金を確保するためのシミュレーション表（例）

年	年																				
経過年数	現在	1年後	2年後	3年後	4年後	5年後	6年後	7年後	8年後	9年後	10年後	11年後	12年後	13年後	14年後	15年後	16年後	17年後	18年後	19年後	20年後
（　　）の年齢	歳																				
（　　）の年齢	歳																				
（　　）の年齢	歳																				
（　　）の年齢	歳																				
（　　）の年齢	歳																				
ライフイベント																					
（　　）の収入																					
（　　）の収入																					
一時的な収入																					
収入合計(A)																					
基本生活費																					
住居関連費																					
車両費																					
教育費																					
保険料																					
その他の支出																					
一般的な支出																					
支出合計(B)																					
年間収支(A―B)																					
貯蓄残高																					

中から捻出できるか試算してみます。「理想バージョン」だけでなく、不確定要素も含めた「ネガティブバージョン」も用意しておきましょう。

銀行などからの融資は、個人的にはあまりおススメしません。融資というのは当然ながら、必ず返済義務が生じます。最悪、起業に失敗して会社を畳んでも返済だけが残るという事態になります。そこまでのリスクは致命傷になるので、辞めるにしても借金が残らない形にしたほうがよい。だから、自己資産の中から起業資金を捻出するのがベターです。

ただ、十分な資金が用意できない若い人であれば、エンジェル投資家の出資を受けるのも一つの方法です。

経済成長の著しい東南アジアであれば、日本比べて成長可能性が高いので、興味を持ってくれる投資家は意外といます。もちろん、出資を受ける以上はシビアに評価されますが、日本ほど起業資金もかからないので、「500万円くらい出して最悪ゼロになってもいい。大ブレークしたらラッキーだな」と期待する投資家は多いのです。投資家の間には若手起業家を応援するマインドを持った人もいるので、一度起業アイデアを相談してみるとよいと思います。

5−3　アジアで会社を設立する方法、教えます！

アジアで会社を設立するステップ

起業アイデアが固まり、資金も確保できたら、いよいよ起業準備に入ります。

まず、会社の設立です。一例として、タイで会社を登記する具体的なステップは次のとおりです（186ページにくわしく記載しています）。

①会社名を決める

②会社の所在地を決める
③発起人となる3名の身分証を用意する
④業務内容（定款）を定める
⑤社判のデザインを決める
⑥サイン権者（代表者）と株主を変更する
⑦税務（VAT）登記をする
⑧タイ人従業員4名以上を用意する
⑨銀行口座を開設する
⑩Bビザを取得する
⑪会社を設立したその月の月末に初回の税務申告を行う
⑫労働許可証（ワークパミット）を取得する

これだけあるの？　と驚くかもしれませんが、ほとんどは形式的な手続きです。ただ、③⑥⑧については少し説明が必要です。

タイで会社を設立するには、まず最低3人のタイ人を発起人として立てる必要があります。その3人分の発起人の身分証を用意し、このうち1人を代表者（役員）にして登記します。登記から2週間が経過したら、外国人（日本人）を社員として入れることができるので、そ

図表５－３　設立時（発起人）と登記後の役員構成のイメージ

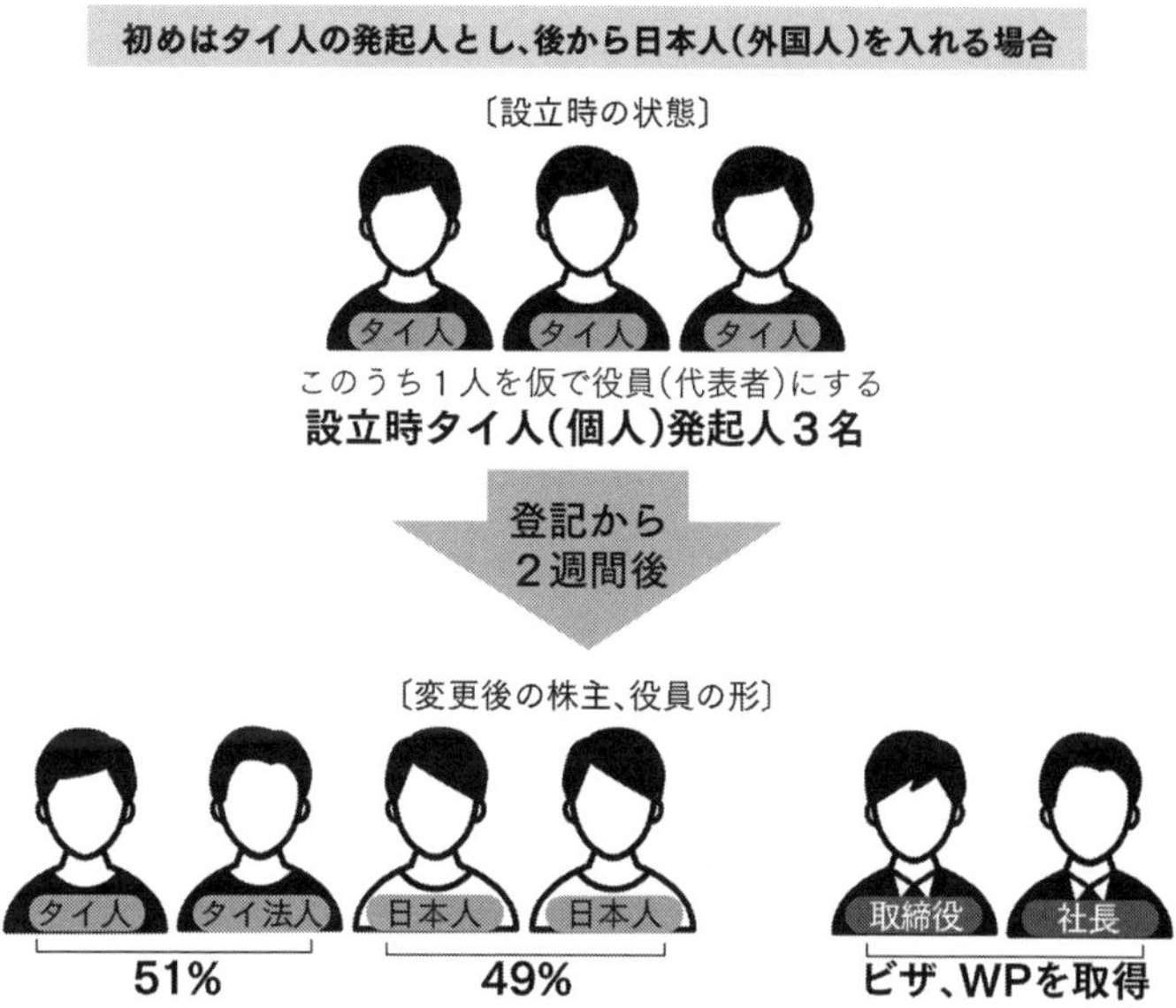

のタイミングで代表者と株主を変更します。その際、役員を除く社員は、タイ人（自然人、法人）が51パーセントのマジョリティを確保しなければなりません。

同時に、タイでは、日本人の労働許可証（ワークパミット）を取ろうと思ったら、その4倍のタイ人を雇用する必要があります。この「1対4」の比率を守らなければいけません。

タイだけでなく、シンガポールとカンボジアを除いた他のアジア諸国ではローカル（現地）側がマジョリティでないと会社登記ができないルールになっています。つまり、「先

会社設立までの流れと用意するもの

1 会社名を決める
タイ国内に同じ社名があると使用不可のため、いくつか(3点ほど)候補を挙げる

2 会社の所在地を決める(会社登記がOKなところ)
賃貸借契約書、家主のIDカードと住民票(タビアンバーン)のコピーを用意

3 発起人となる3名の身分証を用意
タイで会社設立するには最低3人の自然人(個人)が必要
●日本人:パスポートのコピー
〔顔写真と出入国カード(TMカード)、最終取得ビザ(あれば)のページ〕×1部ずつ
●タイ人:IDカードコピーにサインしたもの×1部
※日本人1名+タイ人2名、日本人2名+タイ人1名でもOK。株の比率は同じ
ここでタイ人(個人)の資本金証明が取れれば最初から日本人を入れることができる

4 業務内容(定款)を決める
将来的にやりたいことも含め、できるだけたくさん挙げる

5 社判のデザインを決める(希望のロゴ等がなければ一般的な形で作成)

6 サイン権者(代表者)と株主変更

7 税務(VAT)登記を行う
お店の写真を撮る。その際、会社名と番地の証明が必要になるため看板等を用意

8 タイ人従業員4名以上を用意
各人のIDカードのコピーを用意

9 銀行口座開設 銀行・支店によってはBビザワーパミ取得後

10 Bビザ取得に取り掛かる
●申請に必要な書類を用意

11 会社を設立したその月の月末に**初回の税務申告**を行う
(設立した会社が稼働していることを示すため)
タイ人従業員4人の登録が必要→これを行うとBビザ、
WP(ワークパーミット)の取得作業に入れる

12 労働許可証を取得。受領時に同行する。取得まで約1週間
パスポート、写真(3×4cm)2枚、健康診断書を用意

進国の人がタイ国内で会社を作る際は、現地の人の雇用を創出しなければならない」というルールが課せられています。

このように、タイで会社を設立するためには、まず発起人としてタイ人の会社を登記してから、日本人名義に変更するという特殊なステップをふむ必要があります。ここに関しては高いハードルを感じた方もいるでしょう。

そこで、現地の法規制を熟知し、会社設立やビザサポート、発起人のサーチなどの起業支援サービスを利用するのも一つの方法です。手前みそですが、私がオーナーを務める「ビー・コンサルタント」もその一つです。タイに知人がいないと難しい発起人や名義人のサーチ、ローカルスタッフの採用などもご相談を承っています。

また、タイで起業する際には「１対４」ルールでローカルスタッフを雇用する必要があることを考えると、まずは雇われでもいいのでタイで就業し、現地のタイ人と協力しながら仕事を進める経験を積むことが、後々のアドバンテージになります。

「小型Ｍ＆Ａ」で会社オーナーになる道もある

会社オーナーになるのは、ゼロから起業するだけが選択肢ではありません。「ビー・コンサ

図表５－４　「TRANBI」に掲載されている東南アジアの企業売却案件の例

M&A 案件名	ミャンマーで日本語語学学校２校、送り出し機関
業種	語学スクール、人材派遣・紹介・アウトソーシング
地域	海外
売上高	500〜1,000万円
営業利益	0〜500万円
希望売却価格	250万円以下
交渉対象	個人、法人、M&A専門家
事業内容	ミャンマーで日本語語学学校を2019年から立ち上げ、現在２校経営しています。日本への技能実習生、特定技能をしようとしていましたが、コロナの影響で現在は日本への入国ができない状況…

ルタント」の例がまさにそうですが、既存の会社を買収する「小型M&A」という選択肢があります。

「M&A」と聞くと大型の企業買収のイメージがあり、あまりリアリティがわかないかもしれません。でも、調べてみると東南アジアではそれこそ数百万円単位の、現実的に手の届く売却案件がたくさんあります。それを安く買って、そこにさまざまなノウハウを注ぎ込んで業績を拡大し、価値が上がれば今度はそれを高く売却することもできます。

その小型M&Aの代表的なプラットフォームに「BATONZ」と「TRANBI」があります。いずれも会員登録（無料）すると、メインは国内企業の売却案件ですが、「ミャンマーで日本語語学学校／250万円以下」（図

表５−４）など、東南アジアの企業売却案件が掲載されることがあります。

ただ、「２５０万円でオレも会社オーナーだ！」と喜べるほど簡単な世界ではありません。すでに利益が出ていて、オーナーが何も手をかけなくてよい企業の場合は金額が一気に跳ね上がります。安く売りに出ている企業にはそれなり理由があるもの。規模が小さかったり、自分自身がハンズオンで現地に行って立て直さなければならなかったりします。

それでもモノは考えようで、すでにノウハウやサービスが確立されており、顧客も獲得できていることは大きなアドバンテージでもあります。そこに自ら手を加えて1のビジネスを2にも3にも膨らませていく自信のある人にとっては、とても魅力的な話です。

ゼロからイチを立ち上げるのが得意な人。イチのものを育てるのが得意な人。自分がどちらのタイプかを見極めることも、会社オーナーを目指すうえで重要なポイントの一つです。

頼りになる「日本人海外起業家」のネットワーク

ずっと会社に雇われていたキャリアを降りて、起業する――日本ですら勇気のいるチャレンジなのに、ましてや海外での起業は心細いものです。でも、そんなときに心の拠り所となる日本人起業家のネットワークがあります。それがＷＡＯＪＥ（World Association of Overseas Japanese Entrepreneurs）です。

ＷＡＯＪＥは、海外を拠点に活躍する日本人起業家のネットワークです。世界各地で、現地に根を張り、現地の方々を相手にビジネスをしている日本人起業家が、都市や国を越えてつながることで、有意義な出会いや新たなビジネスチャンスを生み出すことを目的としており、ヨーロッパ、アメリカからアジア、アフリカまで、各国の主要都市に活動拠点があります。

私自身、ＪＡＣシンガポールなどで社長をやっていた頃は、大企業の駐在員どうしのコミュニティや日本人商工会議所などのコミュニティに属しながらネットワークを築くことができました。ところが、一転して起業すると、そういう大企業が集まるコミュニティには入りづらくなってしまいました。

でも、このＷＡＯＪＥのバンコク支部に入会したことで、会社員時代とは異なる起業家どうしのネットワークを築くことができました。ビジネスの相談をしたり、協業するパートナーを探すのにも役立ちました。

経営者ならではの苦労話を聞けたことも、新米起業家にとっては大きな学びになりました。タイで大きな成功を収めている人でもいろいろな苦労をしながら会社を切り盛りしていることがわかり、「悩んでいるのは自分だけじゃないんだ」と思えたのがどれだけ心強かったことか！

今も、ＷＡＯＪＥの拠点は世界各国に広がっています。この起業家どうしのネットワークが世界規模へと成長することで、海外で起業を目指す人々にとっても重要なビジネスインフラとなることでしょう。

５－４　アジア起業の成功のカギは「ローカルスタッフとの親和力」にあり！

採用では「日本語力」より「英語力」を重視

本章の冒頭で「アジア起業に求められる資質」として、「①短期的損得にとらわれない強さ」とともに、もう一つのポイントを挙げました。それが、「②現地のローカルスタッフとの親和力」です。

先ほど説明したように、タイの「１対４」ルールをはじめ、アジア各国の多くで起業する際には現地のローカルスタッフを雇用する義務が伴います。そのローカルスタッフたちとともに汗を流せる「親和力」が、アジアでの起業成功のカギを握ります。

では、現地でどのようなローカルスタッフを採用すべきでしょうか？

日系企業が現地でローカルスタッフを採用しようと思ったときに、まず壁に当たるのが「言葉」の問題です。

たとえばタイでは、事業責任者自身がタイ語を話せれば問題ないのですが、「タイ語を話せる日本人」を探すのはかなり困難です。そうなるとローカルスタッフとのコミュニケーション手段は「日本語」か、お互い第二外国語となる「英語」かの二択に絞られます。

私たち日本人にとってラクなのはもちろん「日本語」なので、大概の日系企業は「日本語を話せるローカルスタッフ」を採用しようとします。現に私の会社にも、タイで事業を開始する多くの企業から「日本語ができるタイ人」のオーダーが寄せられます。

国際交流基金が2021年に実施した「海外日本語教育機関調査」によると、世界各国の日本語学習者の数は図表5－5のとおりです。インドネシア、タイ、ベトナムなど、アジア圏において日本語を学習する人の多いことがうかがえます。

この数字を見ると、普通なら「東南アジア諸国はこれだけ日本語教育が進んでいるのだから、日本語スピーカーは簡単に採用できるだろう」と思うでしょう。

しかし、私が人材紹介ビジネスに携わってきた経験からいえるのは、高いレベルの日本語スピーカーの数はきわめて限られています。その限られた人たちの奪い合いになっていて、思

図表５－５　日本語学習者の多い国・地域

順位	国・地域名	学習者数（人）
1位	中国	1,057,318
2位	インドネシア	711,732
3位	韓国	470,334
4位	オーストラリア	415,348
5位	タイ	183,957
6位	ベトナム	169,582
7位	米国	161,402
8位	台湾	143,632
9位	フィリピン	44,457
10位	マレーシア	38,129

2021年度 海外日本語教育機関調査（国際交流基金）」をもとに作成

いどおりに採用できないのが実態です。

私が人材紹介に携わってきた中での印象ですが、東南アジアで日本語ができる人というのは、ビジネスというよりは純粋な勉強の一環で日本語を学んでいるケースが多いです。そういう人に、リアルビジネスの現場で日本語を用いた営業などをさせると嫌がることも少なくありません。「日本語ができる」というスキルを見込んで採用しても、意外と仕事で使いづらいというミスマッチが起こるのです。

したがって、日本語ができる人材で揃えるというのは現実的なアプローチではありません。ローカルスタッフを揃えようと思うなら、初めから社内公用語を英語にしていかないと、後々人員をスケールさせることは困難です。そのためには、下手でもいいから自分自身も英語でタイ人とコミュニケーションをする必要があります。

英語スピーカーも奪い合いではありますが、日本語スピーカーよりは採用しやすいです。実際、首都バンコクでは、大学を出てそこそこ英語が話せるタイ人に出会うのはさほど難しくありません。

日本人は「ブロークン日本語」が苦手？

ローカルスタッフの採用では、「日本語力」より「英語力」を重視したほうがいい。私がそうおススメする背景には、もう一つ興味深い事情があります。

グローバルな公用語である英語は、シンガポールの「シングリッシュ」など世界各地でブロークンな話法や文法が流通しています。英語ネイティブの人々もそういう「ブロークン英語」に接しているので、仕事上でも慣れてしまえば違和感なくコミュニケーションをとることができます。

反対に、日本語においては「ブロークン日本語」はまだまだ市民権を得ているとはいえません。そして、私たち日本人の多くも、「ブロークン日本語」に対するストレス耐性が極めて低いのが一般的です。SNSなどを見ても、海外の文法がメチャクチャな日本語のメニュー表や看板などを嘲笑するような投稿が散見されます。

かくいう私でも、たとえばローカルの観光バスガイドさんがおかしな文法の日本語を使っていたり、聞き取りにくかったりすると、「ちょっと聴いていられないな」という感情がわいてきます（一生懸命話してくれているバスガイドさんに対する悪意はないのですが……）。

日本人には「きれいな日本語」以外は雑音と判断してしまう脳の回路があるそうで、本能的にイライラしてしまうようです（余談ですが、逆に、日本人が英語を話す際に「文法的に正しい英語でないと失礼なのではないか」と、必要以上に萎縮してしまう傾向があるそうです）。

せっかく日本語スキルを持つ人材を採用できたとしても、その人材の使う文法や話法が受け入れられない、という事態が生じかねません。その意味でも、タイをはじめとした東南アジア各国では、英語スピーカーを中心に採用を進めていったほうが人材を探しやすく、その後の事業のスケールがしやすいことは間違いありません。

頭を悩ませるローカルスタッフの退職問題

採用とともに、東南アジアの日系企業が頭を悩ませているテーマのひとつに、「ローカルスタッフのリテンション（退職防止）」があります。

特にタイでは、失業率が1・23パーセント（2022年）と日本以上に低水準です。いまの会社がイヤになって勢いで辞めても、すぐ次が見つかりやすい状況にあります。ある意味、会社と従業員のパワーバランスは完全に「会社＜従業員」となっています。

だから、各社とも講演会や交流イベントなどのたびに、「ローカルスタッフの退職防止で、御社はどんな工夫をされていますか？」と知恵を出し合っている状況があります。

ローカルスタッフの退職防止、ひいてはマネジメントのポイントを一つ挙げるなら、日本人とは異なる「仕事に対する価値観」を理解することです。

タイを例に挙げると、多くのタイ人にとっての仕事とは「自分にとって居心地がいいかどうか」がもっとも重要視され、「会社の利益やミッションのため」「給料に見合う成果を出す場」との意識は高くありません（まったくない、とまでは言いませんが）。

それを象徴するエピソードを、一つご紹介します。

あるタイ人の女性コンサルタントがトイレで泣いている、という情報を聞きつけました。私は彼女に「何があったの？」と声をかけ個別面談しました。すると、彼女はこう訴えるのです。

「今回の席替えで、自分が嫌いなあの子の近くになってしまった。もう会社を辞めたいです！」

日本人の感覚ではちょっと考えられないですが、席替えひとつで「会社を辞める」にまで発展してしまうのが、タイ人の「仕事観」なのです。

私も当初は「えーっ！　そんなことで会社を辞めたいって言うの？」と驚いていましたが、彼女だけでなくその後もあまりに同じケースが続くので、「これはタイ人にとっては、無視できない一大事なんだな」とようやく理解しました。そして、人事異動や組織変更での席替えのたびに「あのスタッフとこのスタッフは近くにならないよう配慮しよう」まで考えるようになりました。まるで学校の先生のようですが……。

「ニコッと笑顔」はお金のかからない退職防止策！

そうは言っても、ここは生きるか死ぬかのビジネスの世界。彼らの「仕事観」を知ったうえで「でも、仕事というものはね……」と諭していかなければなりません。でも、いかんせん労働市場が「辞めてもすぐ次が見つかる」状況にあるので、強く指導しにくい。日系企業は各社とも、このジレンマを抱えています。

もう一つ、実際にあった例を挙げましょう。

私の会社を通じてタイ人のローカルスタッフを何名か採用していただきながら、なぜかいつも数か月で辞めてしまって悩んでいる日系のクライアント企業がありました。あまりに早期退職が続くと「あの会社が紹介してくる人材はよくない」との風評につながりかねません。思い切ってその企業の社長に事情を聞いてみることにしました。

「これまで、お宅が紹介するタイ人はホントにこらえ性がない。もっと我慢強い候補者を紹介してくれないか」

内心「ちょっと待てよ……」とイヤな予感がしながら、入社後のオンボーディングの対応をヒアリングしてみました。

すると、入社初日に社長から期待値を話していただく機会もなく、「仕事とは自らはたらきかけて盗むものだと教えている」とのこと。さらに、仕事で壁にぶつかっているときも、具体的なアドバイスも説明もすることもなく「ここから這い上がってナンボだ！」と〝指導〟しているとのことでした。タイ人からするとおよそ経験のない「体育会的精神論」を押し付けられ、肩身の狭い思いをしていたという実態が明るみになったのです。やっぱりそうでしたか……。

もちろん仕事である以上、甘やかすのはよくありません。それでも「郷には郷に従え」で、現地のローカルスタッフの価値観や感情に寄り添った、人間どうしのコミュニケーションが求められます。

「ずっと苦労していたあのクライアント、ついにこの間面接が入ったみたいじゃん。頑張った甲斐があったね！」

私は社長時代、廊下ですれ違ったスタッフに率先して声をかけるようにしていました。すると、相手もニコッと笑顔を見せて喜んでくれます。

タイ人のローカルスタッフにとって、数十人の小さな会社ですら、社長は雲の上の存在に映るようです。だから、「ボスはこんなボク（ワタシ）の些細なことも見てくれているんだ！」と自己肯定感が高まりやすいのです。

廊下ですれ違う時に微笑むだけでも、少なくとも「ボスは自分に悪い感情を持っていないな」「自分は干されているわけじゃないな」と相手は安心してくれます。そこの機微がわからず、しかめっ面した社長が「うちは退職者が多いから困ってるんだよね……」と人事コンサルなどを入れている会社もありますが、そんなことにコストをかける前に、まずは廊下ですれ違ったらニコッと微笑んでみる。誰でもできる、お金のかからない退職防止策です！

シンガポールとタイのローカルスタッフの違いとは？

同じ東南アジアでも、私が経験した中では、シンガポールはタイとは異なる国民性があると感じています。

シンガポールの人は「ボク（ワタシ）はこういう仕事をするためにこの会社に入ったのに、

今の仕事は違う！」など、しっかりと自己主張します。ストレートに不満をぶつけられるので内心ムッとすることもあるのですが、マネジメントする側にとってはスタッフが何を考えているか、どこに不満の種があるかを把握しやすいメリットがあります。

一方、タイ人は概して自己主張は苦手です。それどころか、「I am happy to work here!（ここで働けてうれしいです）」などと私に笑顔で答えていたのに、翌週には辞表を出してくるということもしょっちゅうありました。

先ほども言ったように席替え1つで辞める、辞めないの話に発展してしまうので、私もスタッフのケアは慎重すぎるくらい行っていました。「もう、そんなこと言うヤツはいらん！」と思わず怒鳴ってしまいたくなることもありますが、それは結局こちらの価値観を押しつけているにすぎません。

まずはこちらが目線を下げて話を聞いてあげて、「なるほど、そうだったんだね。気がつかなくてゴメン」と寄り添ってあげる。でも、その一方でこちらの期待していることも伝えなくてはいけません。

正直、面倒ですし、時間と労力を伴います。1人のスタッフとのミーティングだけで半日、一日を費やしてしまうこともしばしばありました。でも、辞められてしまったら結局自分が困るだけです。そこは簡単に解決しようとせず、時間と労力をかけてでもていねいなコミュニケーションを心がける必要があるのです。

大変ですが、その反面、彼らは日本人以上に「人としての素直さ」や「ピュアな心」を持っています。生きていくうえで何が大切なのか、彼らに気づかされることもしばしば……。

ローカルスタッフのマネジメントは本当に難しくもあり、同時に面白くもあるのです。

5−5　アジアで起業するなら「タイ」がおススメ！

競合プレーヤーが少なく、在留邦人が多いマーケット

ここまで、アジア、特に東南アジアで起業する心がまえから、具体的なステップ、ローカルスタッフとの付き合い方までお話ししてきました。読者の中には、起業プランがもう頭の中に描けていて、いつでも準備万端！　という人もいるかもしれません。

では、数ある中からどの国を起業のフィールドに選ぶべきか？　ここでは、私自身の経験から「タイ」がおススメです！　とプレゼンテーションしたいと思います。

私自身が長くタイでビジネスを経験し、暮らしてきたので多少「ひいき目」もありますが、それを差し引いてもタイにはトータルで起業がしやすい条件が揃っていると感じます。

「起業のしやすさ」を、大きく「マーケットの魅力度の高さ」と「生活のしやすさ」に分け

マーケットの魅力度が高い	①プレーヤーが少ない ②在留邦人が多い
生活がしやすい	③生活環境がバランスよく整っている ④交通のアクセスがよい ⑤50歳以上はリタイアメントビザで居住可能

ると、タイで起業をおススメする理由は次のように整理できます。

まず、ここまでもお話ししてきたように、起業で成功するポイントは「マーケットの大きさ」より「プレーヤーが少ないこと」。その点で、タイは経済成長の途上にあり、マーケットが成熟した日本に比べて競合するプレーヤーの数がまだまだ少ないです。日本人ならではの高いホスピタリティや技術を活かしたサービスなど、現地の人々に受け入れられやすい土壌があります。

加えて、在留邦人もタイ全土で約7万8000人が暮らしており、これはアメリカ、中国、オーストラリアに次いで4番目に多い人数です（外務省「海外在留邦人数調査統計」／2022年10月1日現在）。なお、都市別にみてもバンコクの在留邦人数は約5万6000人で、ロサンゼルスに次いで2番目となっています（同上）。よって、在留邦人をターゲットとしたローカルサービスもニーズが高く、マーケットの魅力度が高いのです。

生活環境は日本と変わらず、数千円でリゾートへ！

次に、タイという国は私たち日本人にとって、衣食住から交通、医療など

図表５－６　大メコン経済圏（ＧＭＳ）とタイの位置づけ

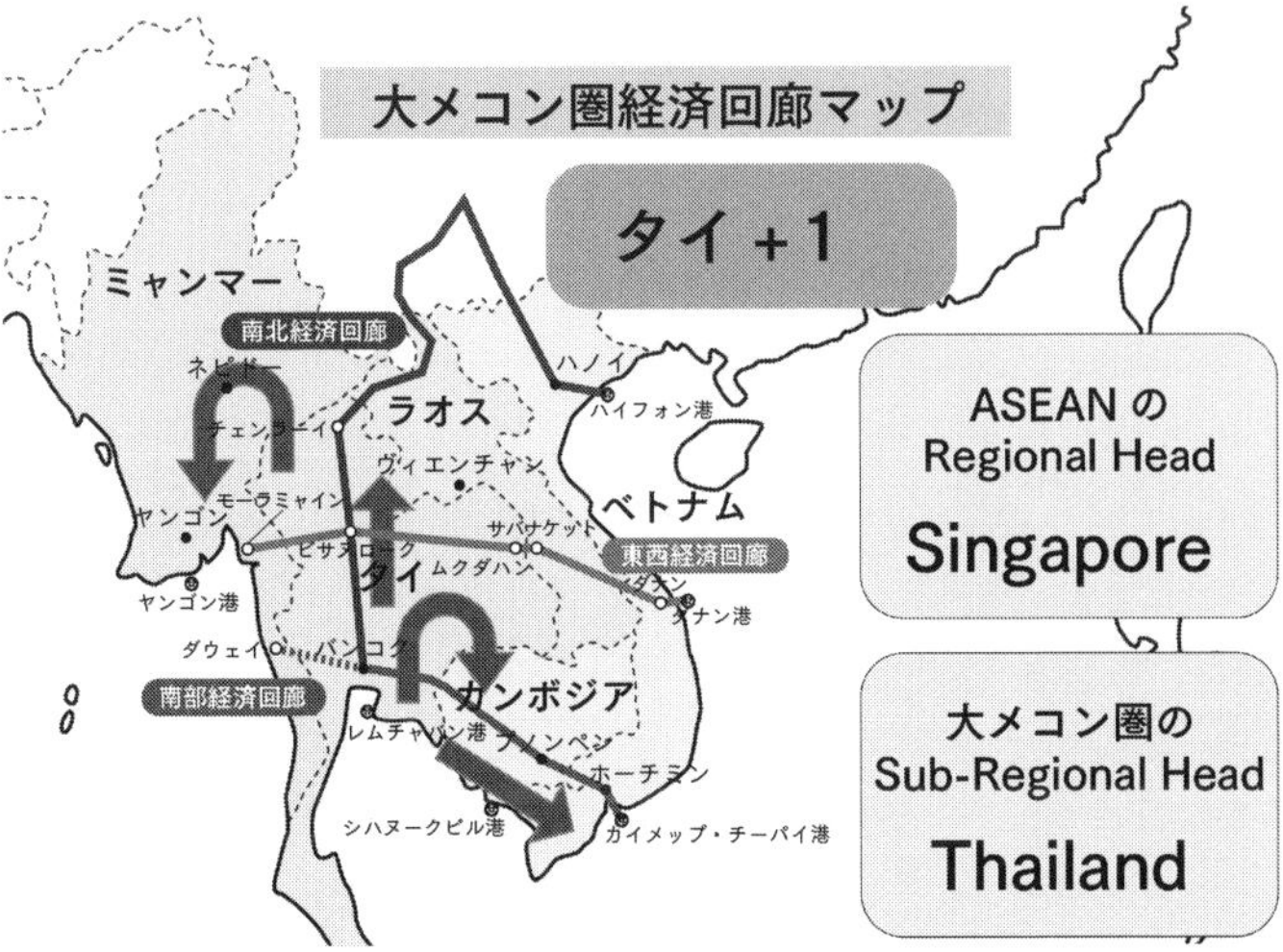

の生活インフラにいたるまで、いい意味で中庸で、生活環境がバランスよく整っています。

同じアジア圏でも、シンガポールは先進国で暮らしやすさはナンバーワンだけどコストが高い。オフィス賃料も家の家賃も高いので、起業するや直ちに売上が上がらないとすぐに資金がショートしてしまいます。

一方で、タイより後進国に当たるカンボジアやラオスなどに目を向けると、コストは確かに安いものの、今度は手に入らないものが多い。起業しようにも商材も情報もタイムリーに得られにくく、ビジネスパートナーも見つけにくいデメリットがあります。

その点、タイは必要なものをほどよいコ

図表５－７　発達しつつあるバンコク市内の鉄道網

現在のバンコク市内の電車網

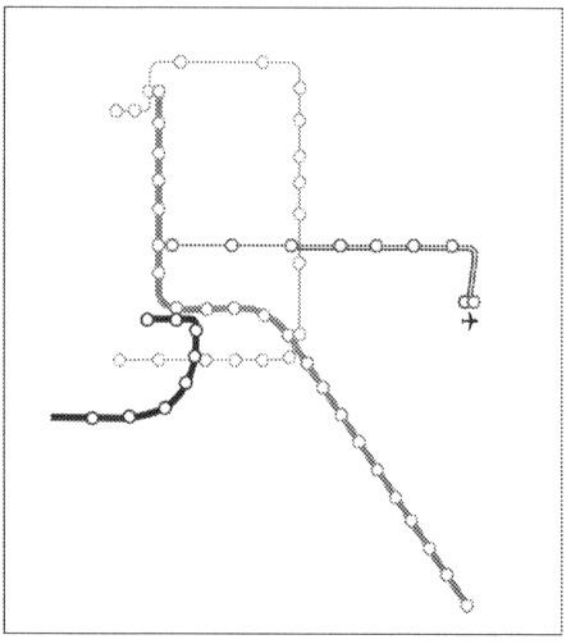

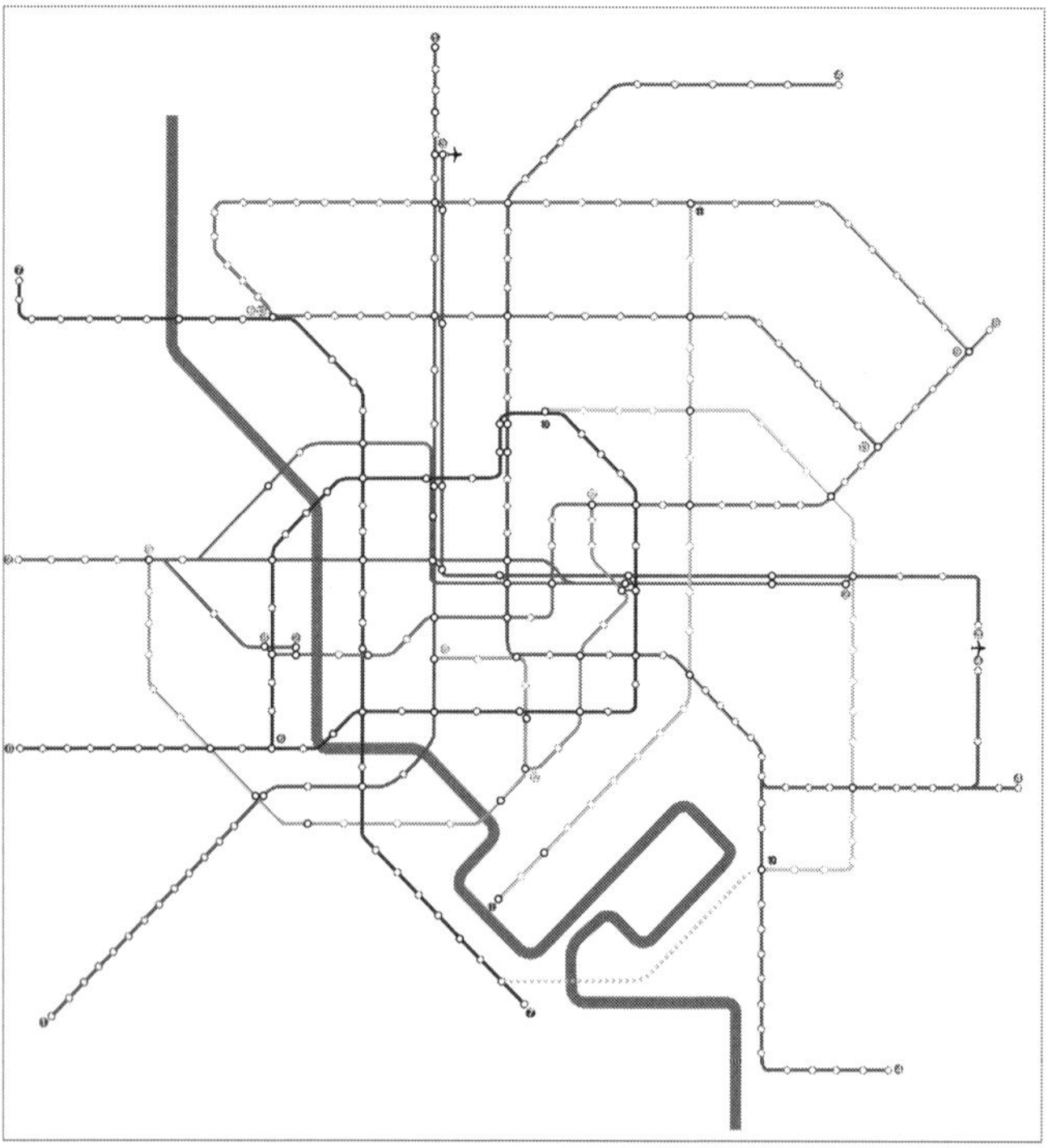

図表５－８　タイ国内のさまざまなリゾート

バンコクを離れると自然が豊かであり、国内旅行先も充実している

AirAsia、Nok Air、Lion Air など LCC で、片道数千円でリゾートへ

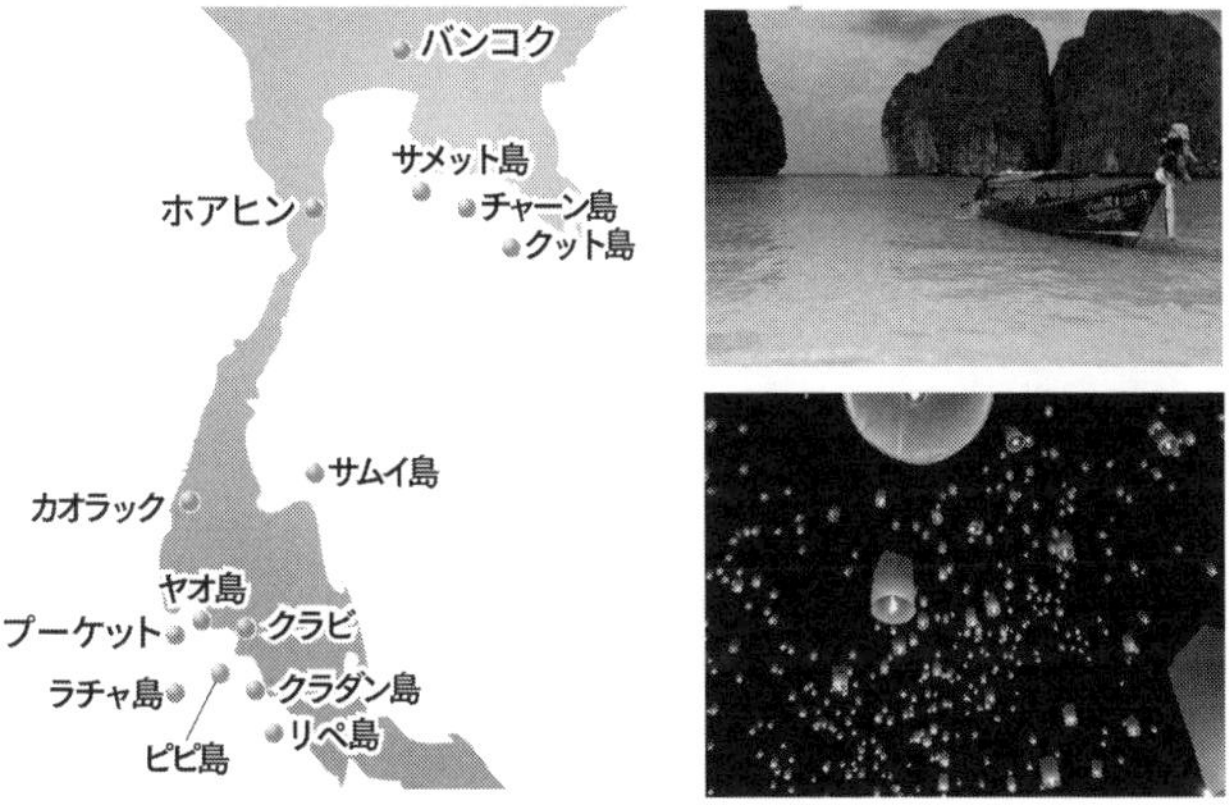

ストで手に入れることができ、インフラも充実しています。日本にいるのと変わらない感覚でワーク&ライフを過ごすことができます。

さらに、地理・交通面で見ても、タイで起業することには大きなメリットがあります。

カンボジア、タイ、ベトナム、ミャンマー、ラオスの、メコン川流域5か国から成る一大経済圏は「大メコン圏（GMS：Greater Mekong Sub-region)」と呼ばれ、とりわけ経済成長の著しい経済圏として注目されています(図表5－6)。ASEAN諸国の中心国がシンガポールだとしたら、GMSにおける中心国がタイです。日本企業の駐在員も、バンコクに拠点を置きながら、そこ

からカンボジア、ミャンマー、ベトナムを行き来するケースが多いです。

バンコク市内の鉄道網も年々整備されており、２０２７年頃には東京のような鉄道網が完成する計画が進んでいます（図表５－７）。

また、ひとたびバンコクを離れると、タイ国内にはさまざまなリゾート地があります（図表５－８）。AirAsia、Nok Air、Lion Air などのＬＣＣで、片道数千円でリゾートへ行くことができるのは、仕事以外のライフスタイルも充実させたい人にとっては大きな魅力ではないでしょうか！

50歳以上はリタイアメントビザで滞在可能

この本を手に取っていただいている方の中には、50代～60代で、セカンドライフの一環としてタイでの起業に興味を持っている方もいるかと思います。

そのような方に朗報ですが、タイはリタイアメントビザの取得が世界的に見ても非常に簡単で、50歳以上の方であれば、リタイアメントビザでの滞在が可能です。

通常は起業したとしても労働許可証（ワークパミット）を取得し、自らも会社に雇用される必要がありますが、50歳以上であれば会社オーナーとして事業配当を得ながら事実上半永久的に滞在することができます。

50歳未満	50歳以上
登記した会社からBビザとワークパミットを取得 ●自身も被雇用者として給料を受け取る	リアタイアメントビザで滞在可能 ●80万バーツの現地銀行口座預金と現地居住が必要 ●給料はもらえないので事業配当のみ

次の第6章では、会社オーナーからＦＩＲＥを目指す方法について詳しくご紹介しますが、特に50歳以上の方はこのようなメリットも、ＦＩＲＥへの道を後押ししてくれるでしょう。

第6章

会社オーナーになってFIREに、さらにその「先」へ

6－1　経営を後進に任せ、「会社オーナー」に徹しよう

信頼して経営を任せられる人を立てよう

前章では、アジア、特にタイで起業する際のポイントについてご紹介しましたが、もちろん起業したら終わりではありません。起業した（あるいはＭ＆Ａした）後にビジネスが軌道に乗ったら他のスタッフに経営を任せ、自身は「会社オーナー」として配当収入でＦＩＲＥを達成する。その「起業した後」がより大事になります。

起業した当初は、事業が軌道に乗るまで自ら現場に出て実務を行う必要があります。しかし、将来的にＦＩＲＥを目指すのであれば、自分自身はオーナー（筆頭株主）に徹し、現場の実務はスタッフに任せる体制にどこかで移行しなければなりません。

ところが、自身が思い入れをもって設立した会社だけに、人に任せることができず、ついつい自分が現場に入ってしまう。そのため、「多忙モード」からなかなか抜けられない……、そんな経営者は少なくありません。

そうなると、顧客が経営者自身についてしまうので、ますます抜けにくくなります。それどころか、「やっぱりオレ（ワタシ）がいないとこの会社はダメだな」と自尊心を満たしてしまうという、悪いパターンに陥ってしまいます。このままでは、いつまで経ってもＦＩＲＥ

にたどり着けません。

起業した当初はハンズオンで現場スタッフをサポートする必要がありますが、その中で後継者となりうる人材をいかに引き上げ、育て、自分がいつ抜けても事業を回せる体制をつくっておけるかが重要で、後回しにしないためにも明確な目標を設定しておく必要があります。「この人だ」と目をかけた人材を引き上げたら、信じて任せる。自分で意識をして実行しなければ、現状に流されて結局自分が汗をかき続けることになってしまいます。

現地での就労経験で「人脈」を築いておこう

後継者に現地のタイ人を立てることもありますが、一般的には意思疎通が図りやすい日本人スタッフを立てるのがベターです。特に日本人をターゲットにするビジネスではマストでしょう。

私の場合は、タイで「アジアン・リーダーズ・キャリア」を設立した際、ＪＡＣシンガポール時代の元部下だった中川淳一郎さんをスカウトし、設立当初から社長に置きました。もともと彼からキャリア相談を受けたのがきっかけで、その場で「今度、タイに会社を作るから立ち上げを手伝ってくれないか？」と頼んだのです。彼はＪＡＣをはじめ人材紹介業界に長く携わっていましたが、タイでのビジネスは初めて。それでも「はい、チャレンジしてみます」と決断し、ジョインしてくれました。

もう一つの「ビー・コンサルタント」では、私が買収したタイミングで新しい人材を社長に迎えることにしました。結果として、「アジアン・リーダーズ・キャリア」から紹介を受けたのが吉田美紀さん。自分の人材紹介会社に発注して自分の会社で取った形になったことは第3章でも触れましたが、このビー・コンサルタントでも先行投資として、当初から私以外の人材を社長に置きました。

このように日本人人材を採用する際にも、人材紹介サービスを活用することもありますが、それまでアジアでビジネスをしてきた中で培ってきた人脈が大きな力を発揮します。そのためにも、海外での起業を目指すのであれば、まずは海外の企業に就職してビジネス経験を積み、人脈を築いておくことが大事です。

人が入れ替わっても継続できる体制を築こう

「会社を辞めて、独立したいんです」

そのような経緯で「ビー・コンサルタント」の社長を務めてくれている吉田美紀さんから、ある日そんな相談を受けました。

正直、信頼を寄せて経営を担ってもらっている人材だけに手痛いは手痛い。でも、彼女の生き方は彼女が決めることです。その意思を尊重し、まずは話を聞いてみることにしました。

　後ほど触れますが、タイでは日本人の富裕層の間で、資産防衛も兼ねて会社を登記することへのニーズが高まっています。ビー・コンサルタントでもその富裕層を対象に会社設立支援サービスを提供し、それを通じたネットワークができていたので、今度は日本に在住する富裕層のニーズ開拓のため、タイで会社設立支援の新会社を立ち上げたい、というのが彼女の描いているプランでした。

　会社設立支援といっても、ビー・コンサルタントのライバルになるという話ではなく、たとえば「バーを開きたい」という依頼を受けて物件を探したり、いい物件が見つかったら平面図を引いてレイアウトを考えたり、といった会社設立の手前のサービスを提供したいとのこと。それでいよいよ会社を設立しようという段階になったらビー・コンサルタントにバトンパスする、とのことでした。

　それなら、吉田さんの新会社とビー・コンサルタントがパートナーシップを組むことで、「タイでバーを開きたいな」という構想段階から実際に会社登記するまでをワンストップで支援することができます。こちらにも、今まで深掘できていなかった日本の富裕層マーケットを開拓し、販路を広げられるメリットがあります。

「いいアイデアだね！」と、彼女の意向を尊重し、新会社の設立を応援することにしました。

心配していた後任の社長候補者も、その後なんとか見つかりました。

このように、会社オーナーをやっていると、信頼を置いていたマネージャーが会社を去ることも時にはあります。それでも、人が入れ替わりながらも事業を継続できるのが会社経営の理想形であり、会社オーナーが目指すところです。逆に、それができなければ、オーナーになってからもしばしば現場介入しなければならない苦労に見舞われます。

時にはこうして現地の社長と一緒にディスカッションしながら今後の経営戦略を練るのも、会社オーナーの醍醐味です。金融資産のみに依存し、株や為替の変動に一喜一憂するFIRE生活では決して味わえないものです。

6－2　海外での金融資産運用のさまざまなメリット

低リスクで配当収入！　海外のインデックスファンド

この本は、くくりとしては「FIRE本」でありながら、事業収益でFIREを目指すのがテーマなので、「お金」の話にほとんど触れていませんでした。金融投資の専門的なことはお話しできないのですが、私自身の実践例として少しご紹介します。

第1章でもお話ししたように、「自分の力でお金を確保する生き方」の選択肢には、大きく次の3つがあります。

①雇われる
②起業する
③金融投資する

この3つに沿って私のケースをご紹介すると、所有する3つの会社からの配当収入を中心に、大きく3つの「ハイブリッド」で収入の柱を確保しています。

①労働収入……自分の好きな場所で働く（業務委託などで自分のペースで働く）
②事業収益……会社オーナーとしての配当収入
③金融商品運用……個別株、投資信託、ETF（上場投資信託）

①と②についてはここまでお話ししてきたので、ここでは「③金融商品運用」に少しフォーカスします。

海外に住所を持っていると、現地の銀行口座を開設でき、ファンドなどを購入できるメリットがあります。

私の場合、現金資産を日本円・タイバーツ・シンガポールドル・USドルの4つのポートフォリオに分け、銀行に預けています。そうすることで為替変動の不安にかられることはありません。

また、タイの銀行を通じて「K-USXNDQ-A(D)」「K-GINCOME-A(R)」「K-VIETNAM」など海外のインデックスファンドや、「NASDAQ-100ETF」など米ナスダックのインデックスファンドを購入しています。

インデックスファンドを購入するメリットは、低リスクで定額の配当収入が得られること。個別株と異なり企業分析が不要で、その国が存続するかぎりは紙くずになることがありません。私の場合、「K-USXNDQ-A(D)」は3か月ごとに1万5千バーツ(1バーツ=4円として6万円)、「K-GINCOME-A(R)」は毎月3千バーツ(同1万8千円)の配当収入が、置いておくだけで定期的に口座に振り込まれるのでお得です。

金融所得課税の税率が低いことも見逃せないメリットです。日本ではキャピタルゲイン税・配当収入税がともに約20パーセントかかり、今後は増税の動きも模索されています。一方、タイではキャピタルゲイン税は非課税で、配当収入税も10パーセントと低率です。海外で暮らすのであれば、このように日本より軽い税負担で自国の通貨やインデックスファンドを運用することができます。

ただ、繰り返しますが私は金融投資の専門家ではないので、あくまで参考にとどめていただければと思います。さらにくわしく知りたいという方は、金融投資に特化した他の

「ＦＩＲＥ本」も読んでみてください。

世界中の富裕層がタイに熱視線？

タイでは、世界の富裕層の間でちょっとした「起業ブーム」が起こっており、「ビー・コンサルタント」にも会社登記に関する問い合わせが数多く寄せられています。

なぜ、富裕層がタイに興味を持っているのか？　ビー・コンサルタントの現地スタッフに聞いてみたところ、次のような理由があるようです。

●法人にすると土地が購入できる
●土地やマンションなど資産をタイに移しておくと、タイでは相続税がかからない
●法人にしておいたほうが、高額なものを購入する際に日本からの送金がしやすい
●タイのスモールビジネスに、今後の伸びしろを期待して小口投資をしたい
●いろいろと税率が日本より低い

タイでは、外国人は個人で土地を購入できないのですが、実は法人名義なら購入が可能なのです。事実、富裕層が法人名義でタイの土地や一戸建ての住宅を購入するケースは増えています。

ＦＩＲＥを達成した日本人の富裕層の中にも、資産をタイに移しながら「時間とお金はあ

るから、せっかくなので腰を据えて事業でもしようか」と、節税目的も含めて会社を設立し、自分の夢だったバーを開く、といったケースが見られます。すでに一定の資産を持っている方にとっては、セカンドライフを充実させる意味でも、タイで会社を作るのはＦＩＲＥの選択肢の一つといえるでしょう。

ただし、誤解をおそれずに言うと、この本で私が本当に言いたいことは「ＦＩＲＥを達成してタイでのんびり暮らしましょう」ということではありません。

序章でお話ししたことを覚えていますでしょうか？　ＦＩＲＥを達成したその先にあるのは、何にも縛られずに「自分で主体的に生き方を選択できる」人生。それこそが本当の意味での「ハッピーな人生」なのではないか、と私は考えています。そのことを、本書の締めくくりとしてお話ししたいと思います。

参考：「共通報告基準（CRS：Common Reporting Standard)」について

外国の金融機関などを利用したマネーロンダリングなど、国際的な脱税や租税回避を防止することを目的に、２０１４年に経済協力開発機構（ＯＥＣＤ）において、非居住者に関する金融口座情報を税務当局間で自動的に交換するための国際基準「共通報告基準（ＣＲＳ：Common Reporting Standard)」が公表されました。そして、日本を含む世界１０６か国がその実施を約束しています（図表６-１／２０２２年12月現在)。いわば、各国の居住者の金

図表6－1　CRS報告対象国・地域と対象外国（2022年12月現在）

報告対象国（計106ヵ国・地域） 2022年12月現在			
アイスランド	キプロス	タイ	ベルギー
アイルランド	キュラソー	大韓民国	ポーランド
アゼルバイジャン	ギリシャ	台湾	ポルトガル
アルゼンチン	クック	チェコ	香港
アルバ	グリーンランド	中華人民共和国	マカオ
アルバニア	グレナダ	チリ	マルタ
アンティグア・バーブーダ	クロアチア	デンマーク	マレーシア
アンドラ	ケニア	ドイツ	マン島
イスラエル	コスタリア	ドミニカ	南アフリカ共和国
イタリア	コロンビア	トルコ	メキシコ
インド	サウジアラビア	ナイジェリア	モーリシャス
インドネシア	サモア	ニューカレドニア	モナコ
ウガンダ	サンマリノ	ニュージーランド	モルディブ
ウクライナ	ジブラルタル	ノルウェー	モルドバ
ウルグアイ	ジャージー	パキスタン	モロッコ
英国	ジャマイカ	パナマ	モンテネグロ
エクアドル	シンガポール	バヌアツ	モントセラト
エストニア	スイス	バルバドス	ヨルダン
オーストラリア	スウェーデン	ハンガリー	ラトビア
オーストリア	スペイン	フィンランド	リトアニア
オマーン	スロバキア	フェロー諸島	リヒテンシュタイン
オランダ	スロベニア	ブラジル	ルーマニア
ガーナ	セーシェル	フランス	ルクセンブルク
ガーンジー	セントクリストファー・ネービス	ブルガリア	レバノン
カザフスタン	セントビンセント	ブルネイ	ロシア
カタール	セントマーチン	ベリーズ	
カナダ	セントルシア	ペルー	（以上）

出典：国税庁ウェブサイト「共通報告基準（ＣＲＳ）に基づく自動的情報交換に関する情報」
https://www.nta.go.jp/taxes/shiraberu/kokusai/crs/

融情報を名寄せして共有しましょう、という動きです。たとえば、シンガポールの税務庁は、富裕層が日本の銀行に持っている口座の出入金の状況まで閲覧することができます。

タイ、ベトナム、カンボジア、ミャンマーなど一部の東南アジア諸国はこのCRSの対象外でした。そこに世界中の富裕層が目をつけ、節税対策で資産をタイに移そうとする動きもあったのですが、そのタイも2023年からCRS報告対象国になりました。

CRS対象外国、というメリットは失われましたが、それでも前述したように、タイにはさまざまな税制上のメリットがあるのは事実です。タイでの「起業ブーム」はしばらく続きそうです。

6-3 FIREを〝終着駅〟にしない生き方を

「#FIRE卒業」トレンド入りの背景にあるのは？

「#FIRE卒業」

2022年11月3日、このワードがツイッターのトレンドに入りました。同日から11月29日にかけて、約1か月間で48回もトレンド入りしたそうです。

「FIRE卒業」とはつまり、FIREを達成してのんびり暮らしていた生活を〝卒業〟し、再び働き始めるということです。

この「FIRE卒業」がトレンドになっている背景には、大きく2つのパターンがあるようです。一つは、昨今の金融不安。コロナ禍からの株価の暴落に円安も加わり、人によっては金融資産がみるみる目減りする事態に見舞われ、再就職を余儀なくされたというパターンです。

そしてもう一つは、お金には困っていないけど、あえて仕事に戻るパターン。南の島でのんびり暮らしているうちに浮世離れ感が高まってきて、「もっと社会との接点を持ちたい」「ビジネスの最前線でもう一度勝負したい」という気持ちになる、というものです。

前者に関しては同情するしかありませんが、「資産＝ストック」に依存しすぎると、そのストックの価値が目減りしたときに猛烈な不安に襲われるのは理解できます。どれだけ資産がある人でも、減っていくのは恐怖を感じるもの。だから、ストックに依存しすぎないように「収入＝フロー」が定期的に入ってくる状況をつくっておくのが、精神衛生上もいちばんいい形だと思っています。

だから、私は金融資産の他に会社からの配当収入、インデックスファンドからの配当収入という「フロー」の収入源をポートフォリオとして持っています。一つひとつは大きな金額ではなくても、安定して定額が入ってくることが安心感を生むのです。

ＦＩＲＥの先に、本当の「恩恵」は待っている

後者に関しては「やっぱり、思っていたとおりだなぁ」と思いますし、非常に同意できます。そして、タイと日本を行き来しながら、「自分のこれまでの経験を社会や後進の人たちに還元したい」との思いでビジネスの現場に戻ることも選択肢としてありえるのです。

第1章で「これからの人生100年時代、長寿を『災厄』ではなく『恩恵』にしていきましょう！」とお話ししました。そして、「恩恵」にしていくためには、自ら主体的にキャリアを選択し「納得できる生き方」を実現しようと言いました。

主体的に生き方を選択することで、お金の不安がない人生を自らの手で築いていく。それも「恩恵」の一つですが、それが最終ゴールではありません。

年齢を重ねてもこうして社会に必要としてもらって、これまでのキャリアで苦労を重ねながら経験してきたこと、学んできたことを還元できる。それこそが、「長寿を恩恵にできる」生き方ではないでしょうか？

「ＦＩＲＥ」はマイルストーンのひとつであり、成功者の〝終着駅〟ではありません。ＦＩＲＥを達成したとしても、人生は続いていきます。お金の心配が消えたからこそ、何にもとらわれず、本当に自分のやりたいことや貢献できることを見つめ直し、社会にもう一度還元することができるのです。

しかも、繰り返しますが、それは決して雲の上の世界ではありません。ここまでお話ししてきたように、誰にでもチャンスをつかむことができるのです。その本当の意味での「恩恵」を、本書を通じて一人でも多くの方がつかんでほしいと切に願っています。

人生の「Connecting the Dots」は続いていく

たびたびですが、スティーブ・ジョブズの言葉「Connecting the Dots」の話に戻ります。

ビジネスの現場でディスカッションしたり、キャリアに関する講演の資料を作っていると、これまでの経験の数々をふと思い出すことがしばしばあります。

初めてのマネージャーでチームをまとめきれず、社長室に呼び出され叱責されたこと。

アウトプレースメントの仕事で「グチのシャワー」を浴び続けていた日々。

英会話スクールで仲間に恵まれ、終わった後の飲み会やカラオケで盛り上がったこと。

37歳でバンクーバーに渡り、20歳そこそこのクラスメイトにタメ語で話しかけられた衝撃。

インターン先で電話口の英語がまったく聞き取れなかったときの冷や汗。

経営者やエグゼクティブ層の方々から得た、リーダーとしての心がまえ。

初めての海外勤務、異国の地で誰からも相手にされなかった疎外感。

ＪＡＣタイランドで成果を出し、グローバルサミットで壇上に上がったときの高揚感。

ＪＡＣシンガポールで「死の谷」に直面し、田崎会長に「辞めます」と宣言したこと――。何度もハラをくくってはサイコロを振ってきた、これまでの「すごろく」のような歩みを思い出しては「あのときの経験は、もしかしたらこの瞬間のためにあったのかもしれないなぁ」と不思議な感覚をおぼえるのです。

そもそも、今日の自分の姿を、20年前、10年前の自分は想像だにしていませんでした。今日まで無数に置いてきた「点」が、この先の人生、どこかで別の「点」と出合うことで、さらに新たな「線」が引かれるかもしれない――そう考えるだけでワクワクします。

そういえば、大学時代に不純な動機でフランス文学科を選び、学んだこと……、この「点」だけは、今なおどの「点」ともコネクトされていないなぁ……。でも、それすら、この先どこかで別の「点」との出合いが待っているのかもしれませんね！

クランボルツ教授も言ったように、「好奇心・持続性・楽観性・柔軟性・冒険心」の５つのマインドを大切にしながら、さらなる「偶然の出会い」のため、これからもサイコロを振り続けながら人生を楽しんでいきたいと思います。

「人生１００年時代」なら、私の人生は野球でいえば「６回の表」を終わったばかり。試合はまだまだこれからです！

謝辞

「これから先の人生、どういう生き方を目指したらいいかわからないんです」
「お父さんは『オレが若い頃は……』って昔話をするけど、お父さんの生きてきた時代と今は違うし……」

学生や20代・30代の若い人たちから、このようなキャリアの相談をされることが、数年前から多くなりました。「こうすれば人生はうまくいく」というロールモデルがなくなり、人生のマイルストーンをどう置いたらいいかわからない〝キャリアロス〟に悩む人が多いのです。

そんな人たちに、私がこれまで歩んできたキャリアが一つのヒントになれば――その思いから、2015年に「グローバルリーダーになろう！」というタイトルでブログを開設。講演やセミナーなどの場でも発信を続けてきました。

本書は、それらのブログや講演などで発信してきたことの集大成としてまとめたものです。将来を悲観して何もしないよりは、ちょっとしたアクションを起こしてみよう。そしたら意外と人生を切り拓くことができるよ。なぜなら、凡人の僕がそうだったから――そのメッセージを、次代を担う若い人たちに伝えたいとの思いが、本書の筆を執った最大の動機となりました。

同時に、50代という人生の中盤を迎えて、これまでのヒストリーをまとめてみたかった、という自分自身の願望も、本書を出す動機の一つとしてありました。実際、こうして「すごろく」のような自分の半生を文字に起こしてみると、「あ、この時の体験が、この体験につながっているんだな」という「Connecting the Dots」の数奇ないたずらにあらためて驚かされます。

もともと楽観主義で、ツライことやシンドイことは忘れてしまう性格。それゆえに、これまでのさまざまな体験を棚卸しするのは、とても自分一人ではできない作業でした。これまでの人生の節目に出会った方々に、当時を振り返ってもらいながら、一つひとつ書き留めていきました。

長崎の片田舎で育った自分を、グローバルリーダーへと導いてくれた多くの方々に、この場を借りて感謝を申し上げます。

シンガポールで独立をする際に、会社設立や現地マーケットについてアドバイスをいただき、「FIREをゴールにしない」という人生観も教えてくださった藤野雅嘉さん。

日本でなかなか実績をあげられなかった私に、勇気をもって海外でのマネジメントの機会を与えてくださったJACリクルートメントの田崎ひろみさん、田崎忠良さん、松園健さん。

海外就職支援サービスでパートナーシップを組み、多くの優秀な若者をご紹介いただいた

ＧＪＪ株式会社の田村さつきさん、田村貴志さん。

私のこれまでのブログや講演内容をもとに、本書の草稿を手伝ってくれた〝旅人〟の山田塾長と元インターン生の近汐莉さん。

その事業理念に共感し、日本企業と日本人の真の開国に向けタッグを組ませていただいた、株式会社ワンコイングリッシュならびに株式会社リソーズ代表の兒嶋裕貴さん。

タイの会社を、万難を乗り越えて利益体質の会社へと育ててくれた、アジアンリーダーズキャリアの中川淳一郎さん、森遊さん。そしてビー・コンサルタントの吉田美紀さん。

最後に、どんなに大きな決断をしようとも、常に笑顔で見守ってくれている両親、妻、友人、先輩、後輩、すべての関わる方々。

皆さまとの幸運な出会い＝「Ｄｏｔ」がつながって、ここに一冊の本が生まれました。ありがとうございました！

この本が、この先どんな「Ｄｏｔ」をもたらしてくれるのか？　それが今から楽しみです！

２０２３年2月　気温31度のタイ・バンコクのオープンカフェにて

●著者プロフィール
蒲原 隆（かもはら・たかし）

1965年、長崎県生まれ。
九州大学文学部フランス文学専攻卒業後、リクルート入社。その後、JACリクルートメントに転職し、タイおよびシンガポールの代表取締役としてアジア全体を統括。2016年には、ASIAN LEADERS CAREER社をシンガポールに設立。翌年タイで人材紹介、会社登記、ビザサポートなどの事業を開始。東南アジアでの就業希望者、起業希望者のキャリア相談や実務サポートを手がける。
神田外語大学、明星大学、長崎大学など、大学での講演実績多数。雑誌AERAの特集「アジアで勝つ日本人100人」に選出される。ロングステイアドバイザー登録員（LSA協会）。

令和時代の新しい選択肢
英語力ゼロから始めて
海外起業でFIREする！

発　行　日／2023年5月22日　初版第１刷発行

著　　　者／蒲原　隆
発　行　者／赤井　仁
発　行　所／ゴマブックス株式会社
〒153-0064
東京都目黒区下目黒１丁目８番１号
アルコタワー７階
印刷・製本／日本ハイコム株式会社
カバーデザイン／中井デザインオフィス
プロデュース協力／グローバルパートナーズ株式会社
編 集 協 力／堀尾大悟

ISBN978-4-8149-2260-4